Vencendo pela Expansão

Adriano Godoy

Vencendo pela Expansão

QUALITYMARK

Copyright© 2010 by Adriano Godoy.

Todos os direitos desta edição reservados à Qualitymark Editora Ltda.
É proibida a duplicação ou reprodução deste volume, ou parte do mesmo,
sob qualquer meio, sem autorização expressa da Editora.

Direção Editorial
SAIDUL RAHMAN MAHOMED
editor@qualitymark.com.br

Produção Editorial
EQUIPE QUALITYMARK
producao@qualitymark.com.br

Capa
Renato Martins
Artes e Artistas

Editoração Eletrônica
K2 Design e Serviços Ltda.
atendimento@k2design.com.br

1ª Edição
2011

CIP-Brasil. Catalogação-na-fonte.
Sindicato Nacional dos Editores de Livro, RJ

G532v
   Godoy, Adriano
      Vencendo pela expansão / Adriano Godoy. – Rio de Janeiro : Qualitymark Editora, 2011.
      128p.

      ISBN 978-85-7303-981-8
      1. Técnicas de autoajuda. I. Título.

10-6657   CDD: 158.1
                                                                                        CDU: 159.947

2011

IMPRESSO NO BRASIL

Qualitymark Editora Ltda.
Rua Teixeira Júnior, 441
São Cristóvão - Fax: (21) 3295-9824
20921-405 – Rio de Janeiro – RJ

www.qualitymark.com.br
E-mail: quality@qualitymark.com.br
Tel: (21) 3295-9800 ou (21) 3094-8400
QualityPhone: 0800-0263311

AGRADECIMENTOS

Nossos agradecimentos vão primeiro para Deus, que criou todo esse contexto maravilhoso da vida em si.

Depois para familiares e amigos, que me servem de incentivo para expandir minhas ideias por meio de minhas obras literárias.

À editora e aos meus amigos que nela trabalham, que sempre contribuem para a realização de nossos projetos.

Espero que este livro seja uma expansão de ideias como uma estrela em sua sequência principal que projeta seu brilho para iluminação do cosmo.

Que a luz dessas ideias possa atingir as mentes e os corações de nossos leitores, expandindo ainda mais o potencial realizador de cada um.

Um abraço a todos!

Adriano Godoy
    Autor

PREFÁCIO

▰ Modificando a Voz Interior

O tema "expansão" está ligado diretamente a outro fenômeno do universo, o da "compressão".

Essas duas forças serão abordadas durante todo este livro.

Mas a pior compressão que existe é a que ocorre no interior das pessoas, diante dos problemas, desafios e oposições da vida.

Por isso este livro tem a proposta de alertar aos leitores sobre a importância da expansão interior, como forma de evitarmos um colapso em nosso ser diante da compressão da vida, provocada pelos problemas.

Assim como uma estrela, que quando perde o seu brilho colapsa sobre si mesma tornando-se um buraco negro, isso pode ocorrer também com o ser humano.

Isso porque a mesma batalha da estrela o ser humano também enfrenta, que é a luta contra a força gravitacional. A diferença é que a estrela a enfrenta diretamente, enquanto nós a enfrentamos indiretamente, como veremos ao longo deste livro.

Mas tanto o ser humano quanto a estrela precisarão da energia de seus interiores para lidar com as oposições da natureza.

Porém em nosso caso existe um detalhe. Essa compressão em nosso ser ocorre por causa do diálogo interno que desenvolvemos a cada momento da vida.

Estudos científicos registram que ocorre uma conversa interior que funciona como uma espécie de voz em nossas mentes.

Chegamos a pronunciar nesse diálogo – conforme estudos – cerca de 300 a 1.000 palavras por minuto. É uma produção considerável.

E esse diálogo é que serve de combustível de resistência motivacional ao longo de nossa existência.

Imaginemos uma coisa: se o conteúdo de toda essa produção de palavras for negativo, qual será a nossa qualidade de vida?

É essa compressão interna que devemos evitar, para que nosso diálogo interior seja de conteúdo mais positivo, otimista, realizador, de esperança e de bem-estar.

Mais do que isso: assim como uma estrela precisa de combustível de seu interior para resistir à pressão do espaço/tempo, nós também necessitamos da força de nossos pensamentos diante das dificuldades, fases e necessidades da vida em si.

Por isso precisamos nos valer de uma tendência – de dentro para fora – de expansão.

Do contrário, seremos subjugados por forças invisíveis que impactam sobre nosso interior.

Precisamos de pensamentos mais expansivos. E para isso, a busca da realização de nossos objetivos, sonhos e metas deve ser uma constante na vida das pessoas.

Só assim não colapsaremos sobre nós mesmos e manteremos o brilho da vida, sustentado pela capacidade natural que temos de procurar a expansão.

Ainda que venhamos a enfrentar as oposições naturais do tempo e do espaço.

Veremos neste livro detalhes fenomenais que estão por trás de tudo que acontece conosco.

Uma coisa é estudar o universo – o que já é fantástico! Mas outra coisa ainda mais maravilhosa é entender o nosso papel dentro de todo o seu contexto.

E compreender também o papel de nossos pensamentos.

Nosso diálogo interno precisa cumprir a mesma função que o hidrogênio e o hélio cumprem no interior das estrelas. O de combustível para o brilho da vida.

Só assim expandiremos.

APRESENTAÇÃO

A vida está sempre se contraindo ou se expandindo. São dois movimentos básicos no universo, já constatados pela ciência.

Esses dois movimentos opostos sempre estarão presentes em nossas vidas, seja por meio de circunstâncias ou através de nossas escolhas. Ou ainda, por meio desses dois fatores combinados.

É mais ou menos a experiência que tivemos ainda no feto: queríamos expandir e tínhamos um prazo para isso.

Enquanto isso, o útero chegara num limite de expansão menor que o nosso. E foi aí que começaram nossos problemas.

Houve um momento em que a parede do útero estava em seu limite de expansão e nós continuávamos crescendo.

Começaram então as contrações uterinas nos avisando que teríamos de deixar aquele espaço, porque ele não nos pertencia. Era de nossas mães e nós só estávamos compartilhando dele por um breve período de tempo.

Aí estão os elementos básicos de nossas vidas: tempo, espaço, expansão e contração.

Esses elementos irão nos acompanhar e definir como será nossa história nesse universo onde as leis da física imperam.

Nossa vida nesse universo se resume nessas forças de contração e expansão e o espaço/tempo estudado por Albert Einstein.

Em resumo, podemos dizer que esses elementos se combinam da seguinte maneira:

- Temos a necessidade de expansão.

- Vamos nos deparar com a contração da vida, por meio de barreiras, limites e problemas.

- É como se estivéssemos ocupando um espaço que não é nosso e por isso de certa forma sempre lutamos e concorremos por ele.

- E isso limita o nosso tempo de existência nesse universo.

Enquanto o leitor lê este pequeno trecho introdutório pare um pouco e pense: o que o motivou a pegar este livro? A necessidade de expandir ou a ameaça da contração?

"Nem uma coisa nem outra", poderá até pensar precipitadamente.

Mas, se analisar um pouco mais, verá que uma dessas coisas o está motivando, ainda que pareça que só queira passar tempo, porém, mesmo assim seus sentidos o fizeram tocar nessas páginas.

É a mesma necessidade de expandir, que se manifestou quando ainda descobríamos o mundo que nos envolvia no feto.

O esquema é relativamente o seguinte:

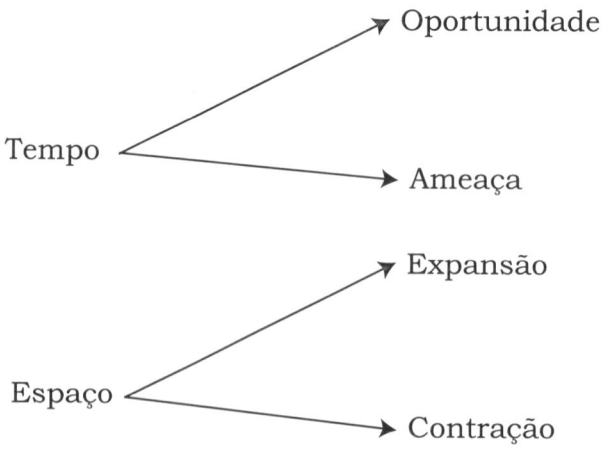

O tecido espaço/tempo, que Albert Einstein descobriu afirmando que ao existirmos nós o estamos distorcendo, funciona conforme o esquema visto.

Durante o tempo em que estivermos existindo nesse universo teremos as oportunidades e as ameaças sempre presentes.

E no espaço que estamos ocupando temos a oportunidade de expandir ou de sermos contraídos.

Mas, no fundo, oportunidade está para expansão, assim como ameaça está para contração, ou seja, o espaço está para tempo.

As oportunidades têm para nós a conotação de expandirmos.

Enquanto as ameaças têm a conotação de contração, ou seja, nos limitando.

É a velha luta que deu origem a tudo, entre a força de gravidade (contração) contra o efeito do Big Bang (expansão).

Desde que foi criado a partir de uma grande explosão, o universo não parou mais de expandir, porque, quando parar, a força de contração da gravidade irá comprimi-lo até se tornar um grande buraco negro.

Por isso o universo precisa sempre estar expandindo.

Nós também temos a mesma necessidade.

Quando nossas forças de expansão, seja de natureza motivacional ou orgânica, cessarem, não iremos mais expandir.

E ao pararmos de expandir, sofreremos definitivamente o efeito da contração. É quando a vida vai chegando ao fim e nosso corpo irá produzir cada vez menos energia até esfriar.

E depois disso irá se desintegrar, deixando de existir no espaço e no tempo.

Portanto, enquanto temos tempo, vamos expandir, sempre que pudermos. Esse é o exemplo que nosso universo nos deixa todos os dias.

Sigamos essa linha.

SUMÁRIO

Capítulo 1

Moléculas em guerra 1

Humilhando amebas 2

Por que nossas mães ficaram "grávidas"? 4

Vivemos num mundo material 6

De onde se originam nossos problemas? 7

Capítulo 2

Einstein e seu espaço/tempo 11

Lutando pela vida e pela existência 12

Expansão: uma antiga força 14

Teorias básicas da física 15

Sorte e azar existem? 16

Decisões quânticas e suas consequências 18

Capítulo 3

Sobrevivência para as espécies 21

DNA: o segredo da evolução 22

Uma perfeita matemática cósmica 24

XIV • Vencendo pela Expansão

Planeta Terra: uma anomalia cósmica 26

Qual o tamanho do universo? 28

Capítulo 4

Uma batalha contra o caos 31

Somos guerreiros existenciais 33

Um guerreiro do conhecimento 35

Guerreiros do conhecimento 36

Entendendo a esteira do conhecimento 40

Anomalias cósmicas inexplicáveis 42

Um espetáculo cósmico 45

Intrusos e inconvenientes 46

Capítulo 5

Existência, tempo e matéria 49

A gênese primordial 52

Inovações atômicas estratégicas 54

Desafiando as leis cósmicas 55

A lei do menor esforço 56

Capítulo 6

Existe a antimatéria? 59

A matemática da vida 60

Nosso combate orgânico 61

Espetáculos estelares da vida 64

Capítulo 7

Hóspedes bem ilustres 67

Nós e o universo em que vivemos 70

Terra: planeta água 72

Universo: um deserto de gases e sólidos 74

Nosso planeta é um ímã gigante 75

Capítulo 8

Deus e o universo 79

A quântica *versus* a relatividade 82

Moisés era um cientista? 85

O que existe de concreto na quântica 90

Capítulo 9

Ordem se manifestando desde o início 93

Desvendando a gravidade 94

Energias do ser humano 97

Alienígenas existem? 99

Conclusão 103

Bibliografia 109

CAPÍTULO 1

▰ Moléculas em pé de guerra

Um casal se beijando – nada mais romântico!

Mas, enquanto seus lábios se tocam as moléculas de suas bocas lutam bravamente umas contra as outras para não se misturarem.

Nossas moléculas – por meio de seus elétrons – defendem nossa estrutura corporal estabelecendo limites e não permitindo em momento algum que esses sejam violados.

Se o leitor estiver sentado neste instante é o que está acontecendo entre as moléculas do seu corpo, da roupa que utiliza e as da cadeira.

Não estamos percebendo, mas uma batalha molecular se desenvolve intensamente para manter o mundo material como ele é.

Existir não é tão fácil como parece. E viver, menos ainda.

Nesse mundo feito de matéria, gases e líquidos é como se estivéssemos invadindo um espaço que não é nosso e isso obriga nossas defesas atômicas e moleculares a nos defenderem instante após instante, desde o momento em que passamos a existir.

Afinal de contas, nós também somos matéria, como tudo que existe ao nosso redor.

Nossos núcleos atômicos, compostos por prótons, nêutrons e elétrons, são sustentados bravamente enfrentando a pressão gravitacional todos os dias.

E somos também seres vivos. O que significa que o ser humano é um tipo de matéria especial, uma matéria viva.

E para sermos vivos existem complexos processos metabólicos, fisiológicos e hormonais que se revezam, num ciclo constante para manter cada célula de nosso organismo com o elixir da vida.

Porque tudo isso é necessário? É o que veremos mais adiante.

Humilhando amebas

Nesse universo viver nunca foi uma tarefa fácil. Não é a toa que ainda não tenhamos nos deparado com algum alienígena.

Possivelmente muitos de nós já ouvimos um sujeito ofender o outro o chamando de "ameba", criticando a sua inércia na vida.

É aquela famosa frase: "Você parece uma ameba!". E isso realmente ofende.

Sim, ofende a pobre da ameba, fazendo essa infeliz comparação!

Isso, se basearmos na teoria científica de que no início do nosso planeta não havia oxigênio suficiente para respirarmos e pequenas organelas – hoje conhecidas como amebas – lutaram bravamente para tornar o ambiente melhor.

Conforme essa teoria nós respiramos graças a elas.

Por isso não se deve chamar certos indivíduos acomodados na vida de amebas, porque isso é exatamente o que elas não são.

Suas ancestrais teriam mudado o ambiente ao redor delas. Se conseguíssemos tal proeza diante de certas situações da vida, hein?

Se não fossem elas – segundo a teoria – ao respirarmos poderíamos estar acendendo uma pequena fogueira em nossos pulmões.

Hoje, na atmosfera da Terra a quantidade de oxigênio presente está na medida certa: corresponde a 21% dos gases atmosféricos. Do contrário, nossos pulmões sofreriam combustão ao invés de respiração.

Portanto, pense duas vezes antes de sair por aí ofendendo uma ameba.

Afinal de contas, sem oxigênio não haveria a vida nem certos confortos.

Aliás, acredita-se que o fogo tenha sido descoberto quando se combinaram faíscas de atrito com esse oxigênio presente no ar.

O que nos faz lembrar: alguém sabe dizer por que corpo de defunto é frio?

Porque não está mais produzindo calor. E se não o está fazendo, significa que não produz mais a energia orgânica. E sem energia não existimos.

A partir do fogo nossos ancestrais teriam passado para outro nível de vida: de simplesmente só utilizarem a energia de seus corpos para a caça e poderem usufruir também da energia do fogo.

Há quem veja nisso um pequeno indício da modernidade.

Passaram para as fogueiras e assim puderam assar alimentos e iluminarem suas moradas.

Mas o fato é que desde os primeiros tempos a vida sempre foi uma luta constante, tanto para as organelas como para os seres humanos. Sempre tivemos que nos adaptar ao ambiente assim como os demais seres vivos.

Vivemos num mundo material onde estar vivo requer certas adaptações e complexidades.

■ Por que nossas mães ficaram "grávidas"?

Cientistas observaram que os bebês ao nascerem saem sempre com uma expressão de sofrimento.

É o primeiro choro anunciando que a vida lá fora começou.

As ameaças, oportunidades e a ansiedade vital que foram desenvolvidas na experiência que vivemos na placenta de nossas mães far-se-ão presentes por toda nossa vida.

Todo ser vivo, sem exceção, é matéria. E como matéria enfrenta a lei da gravidade. Essa é a origem de todos os problemas que enfrentará ao longo de sua existência.

E assim como os filhotes de escorpiões têm que deixar o dorso da mamãe e os pequenos cangurus saem das bolsas que os protegem, assim também nós não pudemos ficar hospedados mais do que nove meses no útero materno.

Ao nascermos nossas mães passaram pelo famoso processo chamado de gravidez.

Que nome mais apropriado! Gravidez, grávida, gravidade.

Mas o que tem a ver a gravidade com a gravidez?

Tudo a ver. Foi exatamente por causa da lei da gravidade que fomos ficando cada vez mais pesados à medida que nos desenvolvíamos no ventre.

Na época, tivemos em média nove meses para isso. Mas fomos nos tornando mais incômodos porque, como todo objeto material, éramos pressionados para baixo. E isso fazia com que o feto se tornasse praticamente insuportável.

A gravidade já nos perseguia ali. Nem na placenta ficamos escondidos dela. Pois, nesse universo, ela sempre pressiona a matéria.

E é isso que somos: um aglomerado de átomos formando matéria viva.

O problema é que, como matéria, à medida que nosso prazo no ventre ia vencendo, fomos ficando insuportáveis. Até que chegou a hora de nós mesmos enfrentarmos essa lei por nossa conta.

E aí nascemos.

Nossos problemas começaram cedo e não pararam mais. A vida é uma luta constante para todos os seres. Nesse exato momento dramas ignorados por nós estão se desenrolando no universo.

Será que a gravidade está sempre por trás de todas as crises que os seres vivos enfrentam nesse planeta?

Vejamos um exemplo para entender como tudo funciona:

"Nas savanas africanas, um leão acorda de manhã e precisa de alimento buscando ter energia suficiente para enfrentar a maior inimiga de todas. Ela, a mesma gravidade que derrubou a maçã no pomar de Newton. E é aí que o rei dos animais se torna um problema para a gazela mais próxima. Mas, se a gazela consegue escapar, torna-se um problema para ele, porque precisa dela, como fonte de energia para sobreviver ao peso gravitacional."

Nesse universo todos nós: leão, gazelas e demais seres vivos somos matéria. E, como matéria, enfrentamos a lei gravitacional.

Mas, para enfrentá-la precisamos de energia orgânica. E para buscarmos essa energia concorremos uns com os outros.

Portanto, agora fica mais fácil entender por que o processo que nos gerou é chamado de gravidez. Tem a ver com gravidade, que nos acompanha durante toda a vida.

Afinal de contas, somos matéria nesse difícil mundo material.

A questão é: O que é matéria?

Vivemos num mundo material

Para entendermos a matéria precisamos desvendar a gravidade. Essa força foi descoberta por Isaac Newton. Ele era um daqueles gênios do tipo que descobria coisas magníficas observando acontecimentos simples da natureza.

Certa vez, debaixo de uma macieira, ele se assustou com a queda de uma maçã. Ela deve ter caído perto dele a ponto de chamar a sua atenção. Porque quando olhou para cima viu aquela sombra da Lua que aparece em algumas tardes do ano. E concluiu: a maçã caiu porque uma força a puxou para o chão. Assim como a Lua, que também está caindo ao longo dos anos.

Estava ali a primeira versão da força da gravidade. Haveria uma força gravitacional puxando os objetos para o solo e por isso não iam para o espaço.

Mas uma coisa não ficou bem clara nessa história: os corpos geralmente são empurrados e não puxados. Os físicos que vieram depois de Newton percebiam isso.

Porém, quem ousaria questionar o Pai da Física Clássica?

Apesar de que a própria visão newtoniana indicava um universo que funcionava como uma espécie de engrenagem, e nesse tipo de sistema a atração não fazia tanto sentido em termos de movimento de objetos.

Por diversas vezes ele tratou do movimento dos corpos.

Não fazia muito sentido uma força de atração num universo mecanizado. Mas, durante mais de dois séculos, ninguém ousou questionar o funcionamento dessa força gravitacional.

E ficou por isso mesmo.

Até que no século XX surgiu outra mente brilhante. Alguém que desde o tempo de estudante questionava as ideias de seus melhores professores e amava um debate sobre física.

Estamos falando do mais famoso cientista da história: Albert Einstein, que se tornaria o Pai da Física Moderna.

Ele apresentou ao mundo uma nova versão a respeito da força gravitacional: a Teoria Geral da Relatividade. A gravidade deixava de ser ali uma força de atração e passava a ser vista como uma força de compressão.

Será que gravidade é mesmo compressão e não atração?

É como se a matéria – a exemplo da maçã de Newton – estivesse distorcendo o espaço a seu redor. Einstein chamou isso de espaço/tempo, que funciona como uma espécie de tecido que nós, os planetas, estrelas, enfim, toda matéria estaríamos ocupando.

Só de existirmos estamos provocando esse efeito e por isso sentimos o peso da compressão gravitacional.

Até que um dia – como os dinossauros, a maçã de Newton e o Império Romano – nós venhamos a ceder e deixaremos assim de existir no espaço e no tempo.

Cedo ou tarde, a matéria perde a batalha contra a gravidade e simplesmente deixará de existir.

Temos o mesmo problema da maçã de Newton. Ela foi enfrentando a gravidade. Mas com o tempo foi se desgastando, até não conseguir mais se sustentar no alto.

A matéria é, portanto, a batalha das moléculas, dos átomos e de seus núcleos atômicos contra a compressão gravitacional.

Matéria é em sua essência uma batalha constante da energia lutando para não se desintegrar.

Para continuar existindo no tempo e no espaço.

De onde se originam nossos problemas?

Todos os dias nós acordamos e não percebemos que ao levantarmos estamos desafiando a gravidade. Quando nossas pernas não puderem mais nos sustentar, ela vence.

Por enquanto, nosso coração luta constantemente contra essa força, bombeando sangue bravamente para todas as nossas células. Viver é lutar contra a imposição gravitacional.

É por causa dessa batalha que temos músculos dando suporte a nossa estrutura óssea. O que nos permite locomover. Nosso sistema imunológico está sempre em alerta por causa dessa força que nos pressiona para o chão.

Quando astronautas entram no nível de gravidade zero, depois de vencerem o campo gravitacional da Terra, o sistema imunológico deles simplesmente se desarma.

Parece incrível, mas nosso organismo sente-se menos ameaçado no espaço!

Aqui na Terra nosso organismo sente que tem de lutar pela nossa sobrevivência. E por isso fica em estado de alerta.

Mas por que isso ocorre?

No universo somos coparticipantes das coisas, e isso gera concorrência.

Como o leão e a gazela, que coexistem e ao mesmo tempo concorrem entre si para sobreviver ao peso gravitacional nas savanas africanas, assim são todos os seres vivos.

Um tem que fugir e o outro tem que caçar. E a gravidade está por trás desse mecanismo de predador e presa.

Os germes, vírus, bactérias e micróbios lutam contra a gravidade. Precisam de energia para se sustentar diante do peso da vida.

E onde irão encontrar energia?

Acertou quem disse, em nosso organismo. Somos a caça, e eles, os caçadores.

Na vida às vezes nos comportaremos como predadores e outras vezes como presas.

Concorrência existe por toda parte. Empresas lutam contra outras pelo mesmo espaço no mercado. Um gêmeo chuta o outro dentro do ventre da mãe enquanto seu irmão se agarra desesperadamente ao cordão umbilical. Micro-organismos estão somente esperando nós morrermos para se manifestarem e viverem toda sua existência num curto espaço de tempo relativo, e por aí vai.

A sina dos seres vivos parece ser assim. Somos problemas uns para os outros, pois todos enfrentamos um desafio comum: a entropia. Um tipo de desgaste provocado pela gravidade, que estimula a concorrência, que por sua vez ocorre em todos os níveis, porque todos precisam sobreviver diante dela.

Todos os problemas da vida advêm desse enfrentamento da matéria, que tem que lutar por estar ocupando um espaço que não é dela. O tal espaço/tempo apontado por Einstein.

Aliás, se você acha que enfrenta problemas na vida por causa da pressão gravitacional, que faz tudo cair, saiba que uma gota d`água – que para nós não significa nada – é para um ácaro um verdadeiro tsunami.

CAPÍTULO 2

▰ Einstein e seu espaço/tempo

A nova versão da força da gravidade segundo Einstein é parecida com a figura de um colchão de espuma.

Se alguém coloca num colchão uma bola pesada, como a de boliche, no lugar onde ela ficar provocará um afundamento.

E se estiverem perto dela outras bolas mais leves, como de bilhar, por exemplo, certamente elas tombarão para o lado da bola mais pesada. Deslocar-se-ão em sua direção.

Ao afundar o colchão, a bola de boliche faz com que as bolas mais leves escorreguem para si.

Da mesma maneira que a bola maior atrai bolas menores, por afundar o colchão, assim também corpos celestes maiores atraem os menores para sua órbita.

O Sol, por exemplo, detém diversos corpos menores, como planetas e asteroides, para próximo de si, formando o conhecido sistema solar.

Júpiter tem um cinturão de asteroides girando em torno de si por ser um gigante gasoso, assim como os anéis de Saturno.

É a bola de boliche que distorce o espaço/tempo atraindo bolas menores para sua órbita.

Funcionamos como as bolas menores, e o nosso planeta como a grande bola de boliche, que nos segura em sua órbita.

A Terra faz isso com a Lua também. Mas o Sol faz dela uma pequena bola de bilhar. E é assim que as galáxias funcionam, bem como todo o cosmo.

▰ Lutando pela vida e pela existência

Estamos impedidos de deslocar pelo espaço por causa da pressão gravitacional sobre nosso corpo.

Mas isso tem seu preço.

Não tem sido fácil ser vivo nesse universo tão hostil.

Tivemos que deixar a simplicidade da química e entrar para o complexo mundo da biologia.

O preço a ser pago por viver por aqui é a limitação do tempo de existência.

Uma pedra – que se restringe à química – dura muito mais do que qualquer ser vivo.

No mundo químico basta um sistema atômico sustentado por velozes elétrons e grudado por glúons e quarks. Isso é suficiente para existir no mundo da matéria. Mas ser vivo exige um preço maior.

É um atrevimento maior contra a gravidade.

É o caso da biologia, que envolve complexidade sustentada por energia orgânica.

E isso exige renovação e está mais sujeito a desgastes entrópicos. E desgaste é coisa que não falta num universo onde a gravidade reina soberana.

Charles Darwin descobriu o que a matéria viva faz para prolongar sua existência nessa oposição de forças: a evolução. A dúvida é se existe a possibilidade de um ser vir a se tornar outro por meio desse processo ou se ele foi hipervalorizado.

Mas o que se sabe é que a evolução é um mecanismo que permite o ser vivo se adaptar às mudanças provocadas pela oposição gravitacional à matéria.

Raios cósmicos vão preparando a pele humana, por exemplo, para que ela se adapte às mudanças ambientais. São verdadeiras mensagens vindas do universo para que nosso corpo se adapte às modificações cósmicas.

Enquanto isso, células vão morrendo e sendo substituídas. Hoje mesmo, possivelmente, pelo menos quinhentas delas serão sacrificadas para prolongar a existência de cada um de nós nesse mundo.

Aliás, o ser vivo é isso: um aglomerado de átomos. Quando morremos os devolvemos à natureza.

É possível que estejamos utilizando alguns que estiveram presentes em Adão ou algum dinossauro. Alguns de nós estamos utilizando átomos que pertenceram a Elvis Presley.

Michael Jackson não, porque ainda não deu tempo de reciclar.

Mas, cedo ou tarde, devolveremos todos os átomos que estivermos utilizando para existirmos e as células para vivermos.

Literalmente, não somos donos de nosso próprio nariz.

Estamos enfrentando o tempo todo um efeito chamado de entropia. É o desgaste que a força gravitacional vai provocando em nós até o final da vida. Por isso envelhecemos.

A luta humana tem algumas características próprias. O efeito da entropia faz do homem um ser necessitado nesse planeta. Necessidades fisiológicas, de segurança, sociais, de autoestima e autorrealização foram descobertas por Abraham Maslow. É tudo para sobreviver à compressão.

Mas imaginemos uma coisa: o que acontece quando se colocam no mesmo espaço físico pessoas com as mais diversas necessidades?

O ambiente fica competitivo, hostil e ao mesmo tempo coletivo. É o que ocorre na sociedade.

Tudo isso faz da nossa vida uma breve medida de tempo.

E enquanto estivermos vivos enfrentaremos pelo menos 24 adversidades diferentes todos os dias. A gravidade está por trás de todos os problemas que os seres vivos enfrentam.

É a compressão da vida provocada pela curvatura espaço/tempo.

Porém, enquanto nossos núcleos atômicos nos sustentarem, nossos músculos bombearem sangue e permitirem a locomoção de nossos membros e nossas células renovarem seus estoques: estaremos vivos, apesar da força da compressão.

Mas essa é uma batalha de dias contados.

No final a gravidade reina soberana.

Expansão: uma antiga força

É claro que a gravidade reina em relação a nós.

Mas, nos pontos mais distantes do universo, ela perde essa batalha para a força de expansão. Em grandes escalas cósmicas esse movimento de expansão é desenvolvido à velocidade da luz.

Parece que o legado da primeira grande explosão foi que deu origem a tudo. Depois do Big Bang o cosmo não parou mais de expandir-se.

Essa expansão é fundamental.

Com tantas explosões que acontecem no universo a produção de calor é intensa. Se não houvesse esse efeito expansivo, o calor inviabilizaria a nossa existência. O espaço seria uma estufa insuportável para qualquer ser vivo. Tem que expandir para distribuir mais o calor estelar.

Einstein foi o primeiro a perceber isso: quando se olha uma estrela no céu uma explosão nuclear já aconteceu. A queima do hélio e do hidrogênio vai manter o espetáculo estelar durante milhões de anos. É a luta para manter seu núcleo atômico. É a mesma luta nossa.

Isso porque matéria é na verdade energia acelerada e uniforme, numa velocidade e organização tão grandes que tudo aparenta solidez. Uma unha tem potencial nuclear para explodir uma cidade. É energia pura.

É como se fôssemos uma estrela que não explodiu.

▰ Teorias básicas da física

Apesar de Einstein ter começado a falar a respeito do mundo atômico, seu forte mesmo era o macrocosmo.

Mas uma turma de cientistas que veio depois dele descobriu a física quântica. Eles viram nos elétrons um movimento aleatório e até errático.

Os elétrons pareciam imprevisíveis, e suspeita-se que podem viajar para universos de antimatéria, paralelos ao nosso.

A partir dessa estirpe da comunidade científica passaram a existir três modelos de universo material: o mecanizado de Isaac Newton, o organizado de Einstein e o bagunçado dos quânticos.

Qual das três teorias é a melhor?

O problema é que todos os modelos têm suas verdades.

Os quânticos promoveram a revolução microeletrônica que hoje existe. Einstein descobriu a força nuclear, os radares e outras maravilhas. E os cálculos e referenciais de Newton são indispensáveis para a física.

Normalmente, quando surge uma teoria melhor ela anula a outra. Não foi assim com nenhuma delas. Ambas as versões a respeito do universo praticamente coexistem.

E olha que já fizeram de tudo para derrubar Einstein. Ele estabeleceu limites no entendimento do universo que funcionam como verdadeiras fronteiras, ainda intransponíveis.

E a divisão das teorias ficou assim:

Das menores partículas até a matéria, os quânticos dominam.

Da matéria até os astros celestes é Newton quem dita regras.

Mas, das grandes massas em diante, Einstein reina absoluto.

Na época de Newton parecia que já havia sido descoberto tudo a respeito da física. Ninguém imaginaria as dimensões que foram desvendadas anos depois. Acreditava-se inclusive que o universo funcionasse como uma engrenagem previsível.

Sorte e azar existem?

Um francês chamado Laplace – considerado o Newton da França – teve a genialidade de chegar a prever com precisão o movimento de alguns astros celestes.

Ele acreditava que uma mente capaz de conhecer o movimento das menores partículas até a maior das massas seria capaz de prever o futuro.

Hoje já se sabe que a dimensão disso é tão grande que é impossível. Pelo menos para a mente humana. Teria que ser Deus para fazer tal previsão.

E talvez Laplace possivelmente tivesse bons motivos para agradecer ao Criador. Isso porque foi milagrosamente salvo da guilhotina. Quase ninguém famoso escapou dela em sua época. O próprio rei Luís XV e inclusive o criador do instrumento, Robespierre, foram guilhotinados.

E o nome de Laplace estava na lista negra. Nada poderia salvá-lo.

Mas, quando ia para a morte foi poupado por indicação de Napoleão Bonaparte. Ele havia lecionado na mesma faculdade do famoso general.

Foi então recomendado por ele para calcular trajetórias de balas de canhão.

Sorte ou movimento minuciosamente previsto pelo Criador?

Quem seria capaz de prever tamanha sorte? Aliás, o problema do futuro parece ser este: quando tentamos descobri-lo ele se altera.

Cientistas quânticos tentaram observar o movimento errático dos elétrons para saber aonde iam. Mas, ao tentarem fazê-lo, acabavam interferindo nos resultados.

Parece que estamos nesse universo não para sermos meros expectadores, mas, para fazermos parte do show. Somos os principais responsávei pelo nosso destino.

Mas o destino depende de sorte e azar?

Para os quânticos tudo que existe foi casual, uma questão de sorte. Eles se baseiam no movimento imprevisível que ocorre no mundo subatômico. E como esse micromundo forma tudo que existe no macro, suspeitam que tudo que existe vem do acaso.

E se ele é aleatório, conclui-se que todo o mundo material criado por ele também é. A ordem que conhecemos seria originada de um caos imprevisível.

Porém outro fenômeno ocorre no mundo das menores partículas que contradiz essa hipótese: o comportamento de ondas.

Os menores elementos acabam desenvolvendo uma trajetória ondular. E quando o fazem se tornam quase previsíveis. São as ondas de probabilidade.

É mais ou menos assim: podemos prever quantos carros passarão numa rodovia durante determinado período. É uma questão de probabilidade. Como o comportamento de ondas. Mas não podemos precisar se o carro "a" ou "b" passará por ali durante o mesmo período.

Aí já estamos falando de partículas, que são imprevisíveis.

Na vida algumas coisas surgem como partículas – é pura sorte ou azar. O que não existe é o sortudo ou o azarado.

Mas as ondas da vida também existem.

Por meio delas temos condições de imaginar o futuro de alguém ao observarmos seu comportamento. São as ondas de probabilidades que ele emite.

É claro que algo ocasional pode mudar seu destino, mas a tendência pode ser previsível.

A teoria das probabilidades foi desenvolvida com base no comportamento de ondas das menores partículas que formam tudo que existe no universo.

Com base nela podemos dizer que o jogo de moedas – de cara ou coroa – é um dos mais justos, pois a probabilidade de ambas as possibilidades é a metade.

Não é que sempre que atirada duas vezes a moeda sempre vá dar coroa uma vez. Mas, em muitas tentativas, os resultados tendem a nivelar-se.

Para dar coroa 50 vezes consecutivas, seria necessário um milhão de pessoas, lançando suas moedas 10 vezes por minuto durante 40 horas por semana – e mesmo assim isso só aconteceria uma vez em quase mil anos!

Decisões quânticas e suas consequências

Quando olhamos para a física de Einstein vemos um mundo onde quanto mais ocupamos nosso espaço, menos tempo temos. O homem é um ser temporal, como toda a matéria.

Já a física de Newton nos deu esperanças de que Deus está conduzindo todo um processo, desde os mais invisíveis detalhes às imensidões inimagináveis por nós.

A física quântica, por sua vez, contradisse tanto uma teoria como a outra dizendo que tudo é incerto.

Os quânticos deixaram outro legado ainda mais importante para nossas vidas: a ideia da probabilidade.

A física quântica nos mostrou que partículas são imprevisíveis, mas que no conjunto delas é possível se ter uma visão de probabilidades.

É como se as partículas fossem tendências de acontecimentos. E à medida que vão acontecendo, essas tendem de fato a se confirmar no mundo material.

O que nos remete a um entendimento importante: quais as tendências que temos em nossas vidas?

Isso equivale a perguntar: quais as ondas que estamos emitindo?

No "todo", as coisas têm suas probabilidades. Pode até ocorrer um ou outro ato ou fato isolado que tenham outra direção, mas, no conjunto, podemos perceber as tendências.

Portanto, o conjunto de atitudes nossas na vida indica nossas tendências futuras, quanto a termos melhores ou piores resultados. Isso determina se iremos colher bons ou maus frutos.

É claro que são probabilidades, mas, por outro lado, são tendências.

Um infortúnio ou mesmo uma boa sorte repentina podem mudar o rumo das coisas. É o caso das partículas. Mas não é essa a tendência.

Se pegarmos o exemplo das ondas podemos fazer uma análise mais clara. Isso porque ondas possuem direção e frequência.

Podemos fazer a seguinte pergunta: Com que frequência fazemos algo?

Se for constante, indica que afetará nosso futuro. Como os hábitos e os vícios, por exemplo. Geralmente colhemos os resultados deles lá na frente.

E qual a direção dessas tendências?

Indica se são saudáveis ou prejudiciais. Se nos levam para bons ou maus resultados.

Olhando para a física quântica podemos perceber o quanto nossas escolhas na vida determinaram boa parte do que estamos vivendo hoje.

Nossa vida hoje em dia, em todos os setores dela, é resultado de decisões que tomamos ou deixamos de tomar a cinco ou dez anos atrás e das repetições que tivemos durante esse período todo.

CAPÍTULO 3

▰ Sobrevivência para as espécies

A ação da gravidade contra a matéria acontece no espaço/tempo.

Por isso existe a concorrência entre as espécies e dentro dele. Porque todos ocupam um mesmo espaço e ao mesmo tempo precisam sobreviver ao desgaste provocado pela entropia.

Dentro de um mesmo espaço seres coexistem e ambos precisam de energia para enfrentar a entropia. Essa combinação de fatores só poderia resultar em concorrência.

E concorrência é sinônimo de problemas de variadas formas.

Boa parte dos problemas que acontecem conosco tem a ver com a concorrência. Até mesmo uma gripe significa que fomos invadidos em nosso espaço por algum vírus.

Todas as espécies são compostas por seres necessitados de energia para sobreviverem ao desgaste espaço/tempo.

Esses seres irão concorrer pelas mais variadas fontes de energia. Numa casa, por exemplo, irmãos disputam quem atrai mais a atenção e os privilégios da família. Até mesmo necessidade de autoestima poderá estimular essa disputa.

A vida é uma luta constante para todos porque enfrentamos um efeito em comum: a entropia.

Isso faz de todos nós um conjunto de necessitados. E como necessitados precisamos das fontes de energia e é aí que começamos a invadir espaços ocupados por outros.

Quando começou a urbanização ela invadiu espaços que antes eram ocupados por florestas virgens. Ao darmos nossa primeira respiração utilizamos oxigênio já utilizado por bactérias e vírus presentes no ar. Somos cada vez mais invasores à medida que o tempo passa, e isso tem seu preço.

A placenta da vida vai provocando suas contrações em forma de problemas, crises, incertezas, barreiras e desafios. Isso sempre nos tira da zona de conforto e nos conduz ao desenvolvimento e à evolução.

Os leões nas savanas africanas vão cumprindo um papel que na Pré-História era exercido pelos tiranossauros e tigres dente de sabre.

As girafas substituíram os brontossauros, que também tinham pescoços mais compridos para apanhar alimentos nas mais altas árvores. Ambas as espécies estavam mais preparadas para uma escassez de alimento, pois, quando a superfície não tivesse alimento, elas ainda poderiam apanhar o que restasse nas partes mais altas.

Ambos precisam de um coração maior para bombear sangue contra a compressão gravitacional. Do contrário, desmaiariam todas as vezes que baixassem a cabeça.

DNA: O SEGREDO DA EVOLUÇÃO

As espécies vão desenvolvendo os mais variados recursos para se adaptar ao ambiente.

Por isso nem tudo é concorrência, haja vista boa parte das espécies se utilizar da coletividade onde o grupo é mais forte que um indivíduo.

Manadas, bandos, matilhas, enxames e outras associações são fundamentais para a vida.

Mas de onde vem essa adaptação que faz os seres vivos adquirirem recursos apropriados para a sobrevivência?

Vem da evolução, vista por Charles Darwin.

No entanto, apesar desse aperfeiçoamento fazer com que seres vivos de hoje cumpram o papel de seres de ontem – como no caso dos tiranossauros e os leões –, não podemos afirmar que a evolução tenha esse poder de uma espécie gerar outra.

Até pelo contrário. Os répteis tiveram sua época e dominaram a Terra. Mas um duro golpe na concorrência – acredita-se que causado por um meteoro – deu oportunidade a uma espécie mais preparada para as mudanças ambientais: os mamíferos.

Se ainda estivéssemos na Era dos Dinossauros, dificilmente teríamos condições de dominar o mundo como hoje.

Mas não se pode negar que a evolução exista e que prepara os seres para se adaptarem às mudanças ambientais.

Raios cósmicos, dentre eles os solares, preparam os seres vivos para que possam gerar espécies mais preparadas no futuro.

Os raios incidem sobre a pele e penetram a ponto de atingir o DNA, provocando mutações genéticas necessárias que serão passadas para futuras crias.

E aos poucos essas mutações vão aparecendo em forma de um nariz mais curto ou mais longo, de uma pele mais resistente ou mutável, de uma estrutura óssea mais apropriada e outras mudanças do tipo.

No momento em que as mensagens celulares estão ocorrendo em nosso corpo elas podem sofrer interferência cósmica, o que permite a geração de espécies futuras mais adaptadas às mutações no planeta.

São duas coisas incríveis: em primeiro lugar, os raios trazem informações, mensagens para o nosso DNA do que está ocorrendo no universo.

Aliás, se não houvesse o DNA, não haveria evolução.

E em segundo lugar, que esses raios são filtrados pela atmosfera para cumprir esse papel, porque sem alguma restrição não haveria vida.

Aliás, se tudo que viesse em nossa direção não sofresse as restrições de nossas camadas atmosféricas, que são por sua vez sustentadas pelo campo magnético da Terra, simplesmente não existiríamos.

Bastavam pequenos grãos de areia cósmica para provocarem estragos gigantescos por todo o planeta.

O filtro atmosférico da Terra, além de nos proteger de agressões de partículas cósmicas, também dosa a incidência de raios cósmicos a ponto de deixá-los na medida para se comunicarem com nosso DNA.

É extraordinariamente equilibrado esse processo que permite a adaptação e a evolução das espécies.

Existem verdadeiros cálculos matemáticos por trás da ordem que nos permite a existência, a adaptação e a sobrevivência.

Uma perfeita matemática cósmica

E nós ficamos entre a expansão da energia escura e a compressão da gravidade nos pressionando todos os dias.

Os processos que nos sustentam são delicados e frágeis. Tudo está no seu ponto crítico. A matemática perfeitamente calculada do universo nos preserva vivos e existentes.

Se a gravidade, as forças atômicas (forte e a fraca) ou a eletromagnética fossem apenas alguns percentuais de energia para mais ou para menos, não existiria sequer o mundo material. Caso o oxigênio não estivesse na medida certa, na atmosfera inexplicavelmente perfeita da Terra, não estaríamos respirando.

Até mesmo a explosão inicial foi na medida exata promovendo a expansão precisa para que a matéria e a vida surgissem. Se a expansão fosse mais forte, nossos núcleos atômicos não seriam formados.

Mas se essa mesma energia de expansão cósmica fosse um pouco mais fraca, a gravidade nos esmagaria.

É impressionante como vivemos num universo no ponto exato da existência material e biológica! Chega a parecer um verdadeiro milagre!

E assim, outras coincidências vão nos preservando vivos e existentes, enquanto a entropia determina que só existiremos por um determinado tempo.

Parece incrível, mas nesse universo quando observamos os pontos críticos das medidas físicas que nos sustentam percebemos que somos bem-vindos.

Por outro lado, descobrimos também que a entropia provocada pelo conjunto desses fatores determina que só existiremos por uma medida de tempo.

Em resumo: somos bem-vindos e ao mesmo tempo despejados impiedosamente desse estranho mundo da matéria. A mesma experiência que vivenciamos no feto.

Ao olharmos as medidas desse universo, ele parece ter sido feito no ponto para que existíssemos. Somos governados por quatro forças básicas e elas estão nas medidas certas. Isso nos permitiu surgir e existir no mundo.

Uma delas nós já falamos: a força da gravidade. Se ela fosse levemente mais forte, seríamos esmagados pela sua pressão. Porém, se fosse mais fraca, nossos núcleos atômicos se dispersariam e não se formaria a matéria.

Existe uma força eletromagnética que controla os elétrons. Se ela fosse um pouco mais rápida, teríamos explodido antes de existirmos. Mas, se ela fosse fraca, não conseguiria conter a pressão gravitacional.

Já a força nuclear forte sustenta nossos núcleos atômicos. Se ela fosse levemente mais fraca, seríamos como plasmas ambulantes atravessando paredes.

Isso sem falar da força nuclear fraca que controla a radiação. Nossos átomos dispersar-se-iam se não fosse seu efeito e teríamos desgastes irreversíveis antes que nos apresentássemos ao mundo.

Resumindo, o nosso mundo material é governado por quatro forças que promovem o seu equilíbrio, permitindo existir a matéria:

Força Nuclear Forte: equilibra os átomos.

Força Nuclear Fraca: equilibra a radiação.

Força Eletromagnética: equilibra os elétrons.

Força Gravitacional: equilibra os sistemas solares e as galáxias.

Tudo parece estar na medida certa para que existíssemos. Um ponto de equilíbrio crítico e ao mesmo tempo frágil. É tão precisa a tabela de medidas cósmicas, que podemos dizer que existimos por um triz.

E a existência dos seres vivos?

Era praticamente impossível que algum dia eles pudessem surgir nesse universo. Mas, milagrosamente, estamos aqui.

Planeta Terra: uma anomalia cósmica

Só para se ter uma ideia, o oxigênio presente na atmosfera da Terra corresponde a mais ou menos 21% dos gases. Se houvesse um pouco mais desse gás na atmosfera, ao tentarmos respirar provocaríamos uma combustão em nossos pulmões.

Só respiramos e existimos porque a matemática cósmica é precisa.

A matéria não era para ter surgido, e a existência do ser vivo é praticamente um milagre. Aliás, o planeta Terra é até agora uma anomalia cósmica sem precedentes.

Nosso planeta reúne uma série de pelo menos 20 características fundamentais para que pudesse obter a vida.

Entre elas: sua localização estratégica em um ponto fundamental da galáxia, a própria galáxia é uma das mais bem localizadas no universo, o sistema solar é um dos mais organizados, a distância ideal em relação ao Sol, a presença de água no estado líquido e as placas tectônicas funcionando como termostato de equilíbrio do calor.

Outro ponto fundamental é a atmosfera em si, com gases no ponto e formando uma estufa fundamental para a sobrevivência dos seres, a presença da Lua em distância apropriada, a existência de montanhas, o papel dos vulcões, a tabela periódica com todos os elementos fundamentais para a vida e a matéria e uma série de outras características fundamentais.

Se uma dessas características não tivesse acontecido, não haveria a vida.

A água em estado líquido é um ponto fundamental. E tem a ver com sua localização em relação ao sol. Muitos planetas – até mesmo fora do sistema solar – foram descobertos, mas eram gigantes gasosos ou muito quentes. Os que ficavam muito distantes de sua estrela mais próxima eram gélidos e gigantes. Já aqueles que ficavam mais próximos eram muito quentes e pequenos.

Estão começando a aparecer planetas candidatos mais qualificados que os anteriores para a vida. Isso é interessante e curioso e tem sido muito comemorado pelos astrônomos.

O problema é preencher outras 20 características fundamentais para o cargo.

Um dos privilégios do nosso planeta foi ter sido invadido em outras épocas por pedaços de estrelas, como asteroides e meteoritos. Essas invasões trouxeram elementos que só poderiam ser produzidos nos quentes núcleos estelares.

E eram elementos fundamentais da tabela periódica para que a vida pudesse existir. O ferro para o sangue e o cálcio para os músculos que formam nossa tabela vieram das estrelas.

Isso nos lembra o papel de Júpiter, o gigante gasoso de nossa galáxia. Ele tem funcionado como uma espécie de proteção da Terra. E tem evitado colisões com corpos viajantes maiores do espaço.

Mas, durante bilhões de anos, o nosso protetor parece falhar e num desses descuidos os dinossauros foram extintos. Suspeita-se que a cada 26 milhões de anos isso ocorra.

Qual o tamanho do universo?

O mundo material foi criado por meio de partículas que fogem às nossas vistas, de tão pequenas. Para termos só uma ideia, imaginem quantas maçãs seriam suficientes para construir a cidade onde nascemos, por menor que seja. Haja macieiras, não é mesmo?

Pois bem, será que podemos imaginar o número de maçãs suficientes para se construir o planeta?

É mais ou menos o número de átomos necessários para se construir a ponta de uma agulha.

Achou pequena a dimensão?

Esse número vai parecer infinito se tentar entender as partículas bem menores que formam os átomos.

Esses invisíveis átomos são formados por partículas ainda menores. O problema do átomo é este: quando a gente acha que encontrou a sua origem descobrimos que é apenas uma caixinha a ser aberta. E dentro dela outra caixinha, e assim sucessivamente.

Até o presente momento os quarks e os gluôns são os menores elementos que formam o universo.

Mas, suspeita-se que se continuarmos a aprofundar na busca pela partícula elementar chegaremos num ponto em que só haverá energia.

Se pensarmos no microcosmo, ele é uma imensidão que foge à nossa compreensão. Mas, em termos de macro, também não é diferente.

Recentemente foi descoberta a galáxia mais distante da nossa. Na velocidade da luz levaríamos o mesmo tempo gasto desde a origem desse universo para chegarmos até lá.

Só para se ter uma ideia: se houverem alienígenas em galáxias mais distantes, nós jamais saberemos. Nossos conterrâneos cósmicos levariam bilhões de anos-luz para chegar até nós viajando à velocidade da luz.

Se habitassem nessa galáxia mais distante, recentemente descoberta, gastariam mais de 10 bilhões de anos-luz para chegarem à Terra.

Acham isso muito distante?

Uma bagatela, na verdade, em termos de escalas cósmicas.

Esse universo de galáxias e estrelas de uma imensidão de bilhões de anos-luz é muito pouco em relação ao universo num todo.

Existe, por exemplo, uma matéria escura que ocupa um espaço muito maior. Essa misteriosa matéria, já se sabe, não tem os mesmos elementos da matéria que conhecemos.

E para completar, descobriu-se também uma energia escura – a responsável pela expansão do universo, que em pontos mais distantes se desenvolve na velocidade da luz.

Se fôssemos dividir o universo completo até hoje conhecido, seria assim:

- A imensa parte de galáxias distantes bilhões de anos-luz corresponde a 5% do todo.

- Essa matéria escura descoberta seria em torno de 25%.

- E a energia que promove a expansão seriam os demais 70%.

Portanto, esse inexplorado mundo de bilhões e bilhões de anos-luz, que jamais poderemos desvendar, corresponde a apenas 5% do todo. E apesar de ser um percentual tão pequeno, a Terra dentro dessa imensidão é quase nada. Um pozinho perdido em algum ponto do espaço.

E esse espaço no qual a Terra é menos que um pozinho é apenas 5% do que já se sabe que existe.

Nosso mundo material de bilhões de anos-luz de imensidão – apenas 5% do todo – fica no meio da pressão.

De um lado, a expansão, que em pontos distantes do universo acelera-se à velocidade da luz. Por outro lado, a gravidade começa a formar um ponto de resistência onde a misteriosa matéria escura se forma.

E essa matéria de elementos diferentes está pressionando a matéria comum da qual fazemos parte.

Por isso sentimos o peso da compressão gravitacional que forma o tecido espaço/tempo.

Ao que tudo indica, não existe o vácuo absoluto em nosso universo. Todo espaço vazio é ocupado por partículas invisíveis aos nossos olhos.

Essas partículas são energias que nos pressionam e nos desgastam. É o preço por estarmos vivos e por existirmos.

CAPÍTULO 4

▞ Uma batalha contra o caos

Estamos ocupando um espaço que não é nosso, e para isso utilizamos átomos emprestados pela natureza.

Vivemos no meio da briga entre a expansão cósmica e a pressão gravitacional.

Mas estamos no melhor momento da batalha: que possibilitou a existência desses 5% de matéria comum.

É apenas um momento cósmico transitório que vai se encerrar se a expansão continuar acelerando ou se a compressão criar mais matéria escura.

Isso significa que, de um jeito ou de outro, nosso universo material está com os anos-luz contados.

Iremos nos desintegrar desde as estrelas ao menor elemento material, ou simplesmente todo o cosmo tornar-se-á um imenso buraco negro antes de deixar de existir.

Enquanto o fim não acontece, a matéria vai lutando bravamente para se manter diante da pressão gravitacional. Cada núcleo atômico procura se sustentar através da ação dos elétrons, prótons e nêutrons sustentados num plano menor de quarks e outras energias.

O que se percebe é que verdadeiros arranjos atômicos e eletromagnéticos são realizados visando driblar a pressão da gravidade.

É como se ela tivesse também suas micropartículas – denominadas grávitons – e essas combatessem as micropartículas da matéria.

Parece uma luta que dura desde antes da primeira explosão, e por isso nenhum arranjo de elétrons pode ser o mesmo.

Daí a diversidade de variações da vida. A natureza não aceita cópias. Uma estrela não tem o mesmo espectro da outra – como se cada uma no universo tivesse sua própria identidade. Um ser humano nunca foi igual ao outro, e as suas impressões digitais não se repetem. E um dia também jamais será como qualquer um dos anteriores em bilhões e bilhões de anos. Cada planeta tem sua particularidade, assim como o menor dos asteroides.

Para sobreviver à pressão gravitacional, a matéria precisa a cada dia de um arranjo atômico novo. Por isso nada do que esses arranjos formarem será como o anterior. Nada será como antes. A gravidade não permitiria.

Einstein foi o primeiro a descobrir que a matéria é energia pura se opondo ao espaço/tempo.

Quando olhamos para uma estrela no céu algo já aconteceu. Uma explosão resultante da luta de seu núcleo atômico contra a pressão gravitacional.

À medida que a matéria existe, ela ocupa um espaço disputado pelos grávitons e isso determina a redução do tempo de sua existência. É a pressão pela curvatura que nós provocamos no invisível tecido espaço/tempo.

É difícil existir diante da pressão gravitacional, que desde o início pressionou a matéria, e que teve uma reação explosiva de expansão.

Essa expansão não parou mais de acontecer nem a oposição gravitacional a ela. É uma luta que dura bilhões e bilhões de anos e parece estar longe de chegar ao fim.

Uma estrela explode e manda elementos cósmicos que servem de matéria-prima para a formação de outras estrelas e galáxias.

Viemos desse pó – o pó cósmico, e a ele retornaremos.

Quando nossas células não conseguirem mais nos manter diante da entropia da vida e nossos núcleos atômicos cessarem suas atividades, nossa existência terá chegado ao fim.

Estaremos devolvendo nossos arranjos atômicos emprestados. A energia que nos sustenta como matéria não nos pertence.

A complexidade biológica que procurou se renovar constantemente para nos manter vivos cessará seus ciclos.

Vamos retornar à simplicidade da química. E aí seremos desintegrados.

Nossos arranjos atômicos se desfarão como se nunca tivessem acontecido. É a sina de toda a matéria.

O vasto mundo material que nunca conheceremos em todas as suas dimensões é apenas 5% do todo.

E não passa de um ponto transitório e culminante da batalha entre a matéria e a energia escura de expansão contra a gravidade e a matéria escura de compressão.

Cada estrela que nasce é ponto para a matéria e a expansão. Mas cada buraco negro que surge, quem soma pontos é a gravidade e sua matéria escura.

Numa longa batalha entre o caos e a ordem.

Somos guerreiros existenciais

Os pilares da vida se renovaram. E há milhões de anos-luz daqui nos enviaram os elementos fundamentais para que nosso planeta existisse e para que nele surgíssemos.

Nada no universo indicava que isso em algum período pudesse acontecer. Tudo estava desfavorável. Não era para estarmos aqui.

Mas as coincidências foram acontecendo, de maneira que foge à compreensão científica. E detalhes minuciosos e frágeis sustentaram essa possibilidade.

E nosso planeta surgiu de maneira privilegiada e num ponto estrategicamente favorável.

Algum tempo depois seres menos complexos ensaiaram o desafio de viver. E avançaram porque a vida é um convite a seguir adiante.

Assim, evoluções pautadas na força da renovação e dos recursos inovadores permitiram que fôssemos nós mesmos.

Então nascemos. Cada um de nós com uma identidade que jamais se repetirá.

Uma bandeira defendida por cada célula e molécula de nosso corpo. Pela estrutura atômica que resiste todos os dias por nós. Por batidas que pulsam vida. E por uma busca constante e corajosa do sopro existencial.

Somos guerreiros por natureza. Nossa identidade única não deveria ter acontecido nunca. E veio de arranjos aparentemente erráticos das menores partículas que formam tudo que existe.

Mas tudo foi seguido à risca e defendido todos os dias, mesmo diante do peso gravitacional de cada manhã.

É isso que somos: um DNA exclusivo, como uma bandeira hasteada todos os dias.

Enquanto houver energia, sistemas guerreiros que defendem essa causa lutarão por nós.

Não sejamos os primeiros a jogar a toalha!

Nossas células não se importarão em sacrificar-se por nós diariamente. Para elas e para tudo em nós, somos um projeto que vale a pena.

Isso mesmo: você vale a pena!

Quando os desafios da vida tornarem vago o sentido de continuar existindo, lembremos da mensagem celular: nós valemos a pena!

Um guerreiro do conhecimento

De repente aparece Einstein. E diz que tudo é relativo no universo. E que massa é energia acelerada. E o que se pensava ser tempo era na verdade espaço, que eram consideradas grandezas absolutas.

Estava causando a maior revolução, quando percebeu que havia deixado para trás a gravidade de Newton.

Isso mesmo, onde estava a gravidade na teoria da relatividade?

E foi então que soltou a bomba, que abalou as estruturas científicas da época: a luz se curva no espaço. Até mesmo ela sofre distorção diante de alguma massa. Estava desvendado o mistério da gravidade.

O universo se sustentava por uma força que na verdade pressionava corpos em relação a outros, promovendo um equilíbrio cósmico temporário. Seria um efeito de ondas cósmicas empurrando e não puxando, diferente do que queria dizer Newton.

E para provar, mostrou que o fenômeno poderia ser visto em Mercúrio que, por estar próximo do Sol, teria sua luz afetada pela curvatura de tamanha massa.

O espaço seria um tecido que provocava tamanha curvatura diante da massa. E massa era a matéria do cosmo mais a sua energia.

Foi um atrevimento científico de gigantescas proporções.

Mas, se não fosse Einstein, ainda não saberíamos quase nada sobre a origem e o destino do universo. Estaríamos bem atrasados em muitas coisas se ele não tivesse existido. Foi um cientista brilhante!

Einstein nos mostrou o universo antes mesmo que pudéssemos observá-lo. Sim, na sua época o que se podia observar do cosmo ainda não dava subsídio para as conclusões a que chegou.

Ele previu coisas que só foram vistas mais tarde, com a invenção de maiores tecnologias, como os telescópios eletrônicos, por exemplo.

Quando se encontrou, anos depois, o primeiro planeta fora do sistema solar, não se via um planeta. Havia ali um fenômeno previsto por Einstein: a curvatura da luz. Daí se deduziu que havia algo ali.

Era a descoberta comemorada do primeiro planeta extrassolar.

Graças a Einstein.

Mas a vida não foi nada fácil para o brilhante cientista.

Guerreiros do conhecimento

Aliás, nenhum dos grandes descobridores dos segredos do universo teve vida de regalias. Todos enfrentaram seus próprios dramas para nos deixar o legado do conhecimento científico.

Copérnico: foi um dos mais discretos. Mas, durante a sua vida, fora duramente criticado e ridicularizado por muitos.

Os principais questionamentos de sua teoria heliocêntrica era sobre o que aconteceria com as aves, as montanhas e as nuvens se a Terra estivesse em movimento.

Piadas que apontavam situações cômicas, como aves perdendo a direção por causa do movimento terrestre, eram feitas para zombar da sua teoria.

Chegou a divulgar o seu livro somente no final da vida, para evitar maiores retaliações dos religiosos da época. Já no leito de morte ele vê o primeiro exemplar.

Da Vinci: vem de uma origem humilde e tem que seguir um código de conduta para sobreviver numa sociedade em que a influência familiar era fundamental. E ele não tinha isso.

A duras penas e com algumas decepções e até calúnias, ele consegue superar seus limites e se torna famoso em toda a Itália.

Mas sofreu os horrores das disputas entre famílias e entre cidades.

Algumas de suas obras de arte não conseguiram ficar concluídas; foram interrompidas por momentos de tensão e de mudanças.

Ele sofreu também a concorrência direta de Michelangelo, de quem foi inimigo por longo tempo.

E mais do que isso, no final da vida ele sentiu o peso dos tempos.

Tinha um código a seguir, umas diretrizes, mas o corpo já não acompanhava. Ele reclama do tempo, mas esse não era assunto seu, seria de Einstein no futuro.

Muitos não valorizam esse brilhante gênio por não ter deixado nenhuma teoria.

Mas insistimos em citá-lo pois, funcionou como uma espécie de arauto da modernidade, que anunciava que novas tecnologias surgiriam no futuro.

Galileu: sofreu duras perseguições. Humilhado, já idoso e doente, teve que se reportar perante o cardeal e renunciar publicamente a tudo que defendeu durante boa parte da vida.

E correndo o sério risco de ainda assim ir para a fogueira como herege.

Isso sem falar da distância de sua filha mais velha, talvez a mais querida, que morreu, tirando dele o prazer de viver.

Ainda assim, lutando contra o peso dos anos, ele passou o legado dos corpos em movimento para as gerações futuras.

Newton: começou sua carreira e logo se assustou com as perseguições e críticas aos seus primeiros trabalhos. Homens importantes da época criticaram duramente suas primeiras colocações. Até o grande Voltaire fez críticas à sua maçã.

Ele sentiu o impacto e queria viver no anonimato.

Mas, a vida não lhe permitiu. As contrações do tempo o pressionaram a deixar a proteção placentária do anonimato. Era hora de sair e de mostrar ao mundo as verdades cósmicas.

Havia uma missão lá fora o esperando. E a gota d'água foi a decepção de ter sido "apunhalado pelas costas" quando Leibniz fez o plágio de suas ideias e lançou o "cálculo" na sua frente.

Não dava mais para ficar anônimo, era preciso se lançar aos riscos da vida e do tempo.

Einstein: desde cedo teve sua infância marcada pelas humilhações de um judeu alemão, muito criticado pelos colegas. Na faculdade, sentiu os rigores de uma educação rígida que ia de encontro a tudo em que ele acreditava.

Teve dificuldades em terminar os estudos. Sentia-se mais confortável no oculto das bibliotecas, nos cantos da escola, lendo o que era suprimido pela educação rígida da época.

Quanto mais questionou os métodos e o conteúdo, mais crescia a impressão de que se tratava de um indesejável aluno, sem muitas perspectivas.

O problema era que esse também seria um caminho inevitável. A educação ia por uma linha, e Einstein ia por outra. O choque era inevitável.

Mas, se não houvesse o choque, a humanidade não avançaria nos degraus da ciência e do saber.

Porém essa intrepidez de questionar o ensino diante de seus mestres teve um preço muito alto. Quando mais precisou de seus orientadores, foi duramente criticado e abandonado.

Seu pai tentou em vão lhe conseguir uma vaga de professor assistente, usando de toda sua influência empresarial. Não conseguiu e morreu com a ideia de que o filho seria um completo fracasso.

Mas, para o bem da humanidade, ele estava enganado.

Enganado pela arrogância dos detentores do saber da época. Alguns de seus mestres profetizaram: *"esse garoto é um cão preguiçoso que não vai dar em nada na vida."*

E quase conseguiram confirmar a dura sentença. Mas estava diante deles um agente modificador do futuro. Porém eles ainda não podiam enxergar isso.

Einstein teve um momento em que preferiu a morte.

Logo no final de sua carreira estudantil ele estava desiludido da vida e não via muito sentido nela.

Chegou a se cogitar a possibilidade de ele se tornar um vendedor de seguros. Mas ele não queria nem mesmo viver. O máximo que conseguia era a vaga esporádica de professor substituto.

Vivia numa evidente instabilidade profissional. As portas estavam fechadas. E distante da família chegou a passar fome, alimentando-se de salsicha e chá.

Acredita-se que nesse período tenha agravado no organismo o aneurisma que mais tarde tiraria sua vida.

Foi preciso a intercessão de um de seus amigos, que relatou todas as perseguições e privações que passou pela escola. A carta do colega Michele Baesso chegava a lembrar que certa época ele tinha sido proibido de frequentar a biblioteca.

A carta conseguiu um objetivo: uma ocupação para Einstein.

E foi num emprego subalterno e de terceira categoria no Instituto de Patentes de Berna, na Suíça, que – graças à ajuda do colega – Einstein mostrou ao mundo o que era o universo.

E o mundo nunca mais foi o mesmo.

Mas nada foi fácil para ele. E o choro que teve quando se despediu de seus filhos, anos depois, na separação de sua esposa Mileva, seria o lamento do guerreiro. Que renunciou à própria vida mortal e comum para entregar à humanidade um legado indispensável.

Porém suas ideias atravessariam os séculos.

Entendendo a esteira do conhecimento

Houve um verdadeiro processo de desenvolvimento envolvendo a descoberta da força da gravidade.

Foi um fato ocorrido na época de Newton, mas que passou por etapas anteriores que influenciaram indiretamente essa teoria.

Ainda que Isaac Newton tenha sido o "pai da criança", algumas bases fundamentais para essa descoberta foram lançadas antes dele.

Naquela época a movimentação frenética da comunidade científica indicava que algo estava para acontecer.

Essa possibilidade de se divulgar algo e se tornar famoso por isso mexia com o fator motivacional.

Homens aprofundavam-se em busca do conhecimento.

Isso gerava intensa competição, mas com possibilidades imensas de resultados ainda mais significativos.

A humanidade estava se preparando para ter um Einstein. Mas, antes, veria um gigante de proporção semelhante. E os dois atravessariam o tempo e o espaço. São respeitados e admirados até hoje pelo meio científico e popular.

Em 1643 o fantástico cientista fez valer o avanço do conhecimento. Ele não começou do nada, apesar de tamanha genialidade.

Ele aproveitou ideias que vinham sendo construídas na escalada do saber.

E duas influências foram extremamente significativas: Kepler e Galileu.

Kepler mostrou que havia um potencial matemático no universo. Era a linguagem do cosmo.

E mais do que isso: o Sol era como um ímã para os planetas. Johanes Kepler viu que o movimento dos astros não era circular, e sim elíptico. Isso indicava a atração entre as grandes massas.

E então ocorreu a segunda grande influência: Galileu.

Ironicamente, não foi bem o seu telescópio que pesou na balança das escolhas de Newton.

Apesar de suas observações astronômicas mostrarem para a geração de Newton que o mundo girando em torno da Terra era uma verdadeira "heresia científica".

Mas quando ficou em cárcere domiciliar – imposto pelo papado romano – foi que Galileu deixou a pista fundamental para Newton. As propriedades dos corpos em queda.

Ele mostrou que a velocidade dos corpos em queda era a mesma, independente da massa.

Pronto, o cenário estava pronto para a maçã de Newton. E o cenário vinha da soma das descobertas de Kepler e Galileu.

E foi quando aconteceu. Ele percebeu a queda de uma maçã e se perguntou sobre o porquê de ela ter caído para baixo e não para cima.

Imediatamente concluiu que a mesma força que faz com que os planetas sejam atraídos para o Sol faz com que os objetos caiam na Terra.

Estava descoberta a força que impede que os objetos na Terra sejam impelidos para a vastidão do espaço e que dá ordem ao universo.

Isaac Newton estava prestes a apresentar ao mundo a lei da gravidade.

Ele propôs também outros princípios matemáticos nunca antes imaginados.

A força que move as marés e que dá forma à Terra, além de governar todo o cosmo, estava sendo desvendada.

Leis fundamentais foram propostas e elas explicavam o funcionamento universal das coisas.

Suas ideias reinaram absolutas durante séculos. E só foram questionadas novamente no século XIX por um desconhecido de Berna, na Suíça, de um escritório de patentes.

O nome do desconhecido: Albert Einstein – que reinventou o universo.

Anomalias cósmicas inexplicáveis

Fomos convocados para sermos guerreiros e guerreiras existenciais. Viver por si só já é um risco e uma batalha constante. Cada fisiologia do nosso corpo mostra isso.

Quando cessarem nossos mecanismos internos, significa que não resistiremos mais ao peso gravitacional. E como a maçã de Newton ou uma estrela com o esgotamento do hidrogênio, cessaremos nossas atividades.

Mas, ainda assim, vale a pena continuar. A vida é uma dádiva imerecida e inexplicável. E houve um investimento em nós para que existíssemos. As circunstâncias eram todas desfavoráveis. Mas o universo se garantiu, e isso nos permitiu existir por um tempo determinado.

No entanto, somos como um exército que enfrenta suas limitações. E como todo exército, nós precisamos de um comando. A ordem é necessária para enfrentar o movimento caótico da vida e da natureza.

Nossas moléculas, células e átomos formam uma estrutura organizada. Essa estrutura sustenta uma elaborada fisiologia estratégica de defesa e conservação.

É tudo tão frágil, mas ao mesmo tempo forte, pela estratégia que tem utilizado desde nossos antepassados.

Esse exército atravessou fronteiras improváveis. É como uma tática militar que confunde seus piores inimigos.

Dinossauros não puderam prosseguir, mas nós estamos prevalecendo sobre a porção seca do planeta como nenhuma outra criatura dominou antes.

Desde que as placas tectônicas emergiram dos oceanos formando a porção seca chamada de terra, nenhum ser reinou tão soberano sobre elas como o humano.

Se a evolução existe, ela estranhamente nos privilegiou, mais do que a todos os demais seres vivos. E mesmo não nos dando asas, nos deu a capacidade de criá-las.

Parece muita pretensão pensar que o ser humano tenha alguma importância no contexto do universo. As dimensões cósmicas são inimagináveis. Conforme vimos, tudo que imaginamos como sendo universo – aglomerados de galáxias a trilhões de anos-luz corresponde a mais ou menos 5% do cosmo.

Existem outros 25% de uma rede de interconexão das galáxias conhecida como matéria escura. E os demais 70% do universo representam a energia escura que promove a expansão cósmica.

O que somos nós diante de tamanhas amplitudes?

Não tivemos condições ainda de conhecermos sequer o fundo dos oceanos.

Mas, apesar de insignificante em termos de dimensões, o ser humano é singular. Até o presente momento é um dos elementos mais estranhos de todo o cosmo.

Nosso planeta já é uma verdadeira anomalia. O sistema solar é também estranhamente organizado. E a presença de vida na Terra completa a lista com o mais estranho dos seres: o humano.

Somos um feito cósmico de uma grandiosidade incalculável. Mesmo sendo partículas insignificantes no universo em termos de dimensão.

Olhando por esse prisma não chega a parecer pretensão imaginar que o universo tivesse um foco especial no nosso planeta.

Por enquanto, as indicações apontam o humano como um ser privilegiado. Um verdadeiro milagre cósmico de origem inexplicável cientificamente.

Mas aí surge a pergunta: de onde vem o comando para tudo isso? É tão aleatório como quer fazer acreditar a ciência?

Para a ciência é possível que o universo tenha surgido por acaso, de partículas flutuantes no vácuo.

E para explicarem todas essas incontáveis coincidências, cientistas calculam que infinitos outros universos já foram formados antes do nosso. E que dentro do infinito ele irá se repetir.

Tem que ser infinito mesmo, considerando que um universo como o nosso deva durar trilhões de anos. Imaginemos quantos universos teriam que ter surgido até coincidir todos os detalhes que nos formaram.

Isso é ignorar qualquer padrão ou parâmetro. Quais os parâmetros que determinam os processos que conhecemos?

Bom, mas se ainda assim a ciência estiver certa, somos mais sortudos do que podíamos sequer imaginar. Isso mesmo, pois teríamos surgido no melhor dos universos feito nos últimos trilhões de anos.

Mas o universo tem uma coerência fantástica. As leis da física funcionam tanto aqui na Terra como na mais distante das galáxias.

Isso porque temos um universo isotrópico e homogêneo, ou seja, que possui igualdade em todos os lados e com pontos comuns em toda a sua essência.

E cada detalhe dele está interligado e produz os efeitos transformadores para todo o cosmo. Alguns elementos, por exemplo, só foram produzidos no interior das estrelas. E não havia deles na Terra.

O problema era que no caso do carbono, por exemplo, não havia como surgir vida sem ele. Por isso as quedas de asteroides que abalaram o planeta acabaram trazendo os elementos fundamentais para a biosfera.

Uma das características marcantes do carbono é poder interagir com os demais elementos da tabela periódica. Isso facilitou o desenvolvimento da complexidade que envolve os processos metabólicos da vida.

Um espetáculo cósmico

Um enredo em pleno andamento: esse parece ser o movimento básico do universo.

Estaríamos na melhor parte desse enredo. Num momento cósmico de maravilhosos espetáculos estelares.

Tudo leva a entender que o universo vive sua melhor fase. A de maior brilho de todos os tempos desde o Big Bang. E exatamente nela se manifestou a vida em um de seus planetas.

Um minúsculo evento, porém, totalmente extraordinário.

Se o tempo da vida do universo fosse comparado há um ano aqui na Terra, poderíamos dizer que a vida surgiu nos últimos dois minutos.

Trata-se de um acontecimento bem recente em escalas cósmicas.

INTRUSOS E INCONVENIENTES

Somos considerados definitivamente um bando de espaçosos no universo.

Conforme vimos, quando nascemos começamos a ocupar um espaço na vida e ele simplesmente não nos pertence. Esse é o problema que iremos enfrentar por toda a existência.

E isso fará de nossa vida uma luta constante.

Existe uma força invisível incidindo sobre nossas cabeças. Mas, por outro lado, graças a essa força ainda não fomos lançados pelo espaço.

Estamos falando aqui da força da gravidade.

Por outro lado, o espaço que estamos ocupando está sofrendo uma distorção. A curvatura espaço/tempo – de que o famoso cientista Albert Einstein falou – é invisível, porque as forças que governam o mundo são invisíveis.

Mas, ainda que não seja alcançada por nossos olhos, uma curva existe sobre nós, delineando todo nosso corpo. É o espaço que estamos ocupando, como aquela bola de boliche que afunda um colchão, deformando o espaço que ocupa.

Por isso a gravidade parece nos considerar intrusos. É como se ocupássemos de fato um espaço que não é nosso.

Vimos também que essa ideia ficou evidente quando ainda estávamos no ventre das nossas mães.

Ali a gravidade já nos considerava intrusos.

Nossas mães custaram para conseguir alguns míseros nove meses para que pudéssemos nos preparar para ocupar nosso espaço aqui fora.

Estavam carregando os "bonitões" e "bonitonas" para baixo e para cima.

E muitos de nós estávamos pensando que iríamos ficar por ali mesmo a vida toda.

Ledo engano.

Aquela seria apenas a primeira das muitas fases que teríamos na vida. As placentas não eram nossas. Pertenciam às nossas mães. E, portanto, ali já éramos um bando de espaçosos.

A placenta esticou o máximo que pôde, mas ainda assim não foi suficiente. A gente continuava crescendo e crescendo, até que foi ficando inviável nossa permanência naquele local.

Éramos definitivamente uns espaçosos. E o resultado não foi outro. Fomos expulsos, e alguns de nós parecem estar revoltados com isso até hoje. Ainda que inconscientemente.

Mas não teve jeito. Esperneamos, choramos, ficamos indignados, mas não tivemos escolha: era mudar ou morrer.

Tivemos que enfrentar a gravidade por nossa conta, pois precisávamos de mais espaço.

Aqui fora tivemos que enfrentar os primeiros problemas materiais. Até respirar foi doloroso no início – o oxigênio queimava os pulmões. É desse jeito!

Esse lugar estranho chamado de universo sempre foi para nós um desafio. Somos um atrevimento existencial. Isso mesmo, afinal de contas, a vida não era nem para existir.

E só existe pela coincidência de pelo menos 20 fatores diferentes no planeta. Se um deles não acontecesse, não estaríamos em torno deste livro.

A matéria já incomoda a gravidade porque ocupa espaço, parada onde está.

O que dizer de um ser vivo, que tem capacidade de se deslocar? É muito atrevimento! Sai por aí distorcendo o espaço para tudo quanto é lado.

Em se tratando de coisa material, tivemos outro problema: precisamos de átomos novos. Isso mesmo, somos dependentes dessa partícula invisível que nos compõe.

Não temos os mesmos átomos que tínhamos ao nascer. E vamos precisando cada vez mais de átomos emprestados da natureza se quisermos seguir adiante.

O problema é que a gravidade vai nos pegando aos poucos. E vamos sofrendo perdas em nossa estrutura atômica. E para assegurar nosso espaço, átomos novos nos são fornecidos.

Novos arranjos atômicos ficam à nossa disposição. Se não fosse assim, já estaríamos desintegrados há muito tempo.

Definitivamente: somos literalmente integrados temporariamente ao ambiente que nos cerca.

Alguns de nós ao sairmos queríamos ficar no colo. Ainda não queríamos enfrentar a gravidade por nossa conta. Era hora de andar, e ainda queríamos colo.

Mas o problema é que não dava para ficar nos carregando para baixo e para cima a vida toda. Porque como massa temos peso. E esse peso é de nossa responsabilidade.

Cada um deve arcar com o seu.

CAPÍTULO 5

■ Existência, tempo e matéria

Temos basicamente o mesmo problema da maçã de Newton.

Ela não resistiu por muito tempo e caiu da árvore. Estava decretada a sua futura desintegração.

Foi assim com a maçã, com os dinossauros, com grandes impérios, é assim conosco também.

Somente enquanto pudermos nos sustentar estaremos vivos.

Quando as forças se acabarem, a gravidade estará nos esperando. Reivindicando um espaço dela. Viemos do pó cósmico e ao pó retornaremos.

Mas dizem que Newton, no século XVII, foi o primeiro a entender o que era essa força que governa o mundo.

A gravidade teria sido descoberta no dia em que caiu uma maçã próximo a ele. Isaac Newton teria se assustado com essa queda.

Mas um insight maravilhoso veio em sua mente. E ele pensou: por que ela não foi para o espaço? Ele começou a descobrir a força gravitacional.

Anteriormente, Kepler já falara que os planetas tinham movimento elíptico.

E antes dele, Galileu dizia que a massa era nula ao cair de uma altura.

E a maçã caíra. Pronto, a mesma força que provocava os movimentos do Sol e dos planetas também havia impedido a maçã de ir para o espaço.

Juntou as ideias de Kepler e Galileu numa só teoria. E foi com essa ideia sobre a força da gravidade que se tornou um semideus popular da física por séculos.

Outra versão conta que a maçã teria caído na cabeça do pai da física clássica, Isaac Newton. Se ela estiver certa, ainda bem que ele não estava debaixo de um pé de jaca.

Mas saímos pela vida enfrentando a gravidade e suas consequências. Os egocentricozinhos começavam não só a ocupar espaço como também a achar que tudo era deles.

Queríamos pegar tudo que aparecia em nossa frente e chorávamos achando que era nosso. Ficamos mal-acostumados desde o berço quando percebemos que toda hora que chorávamos aparecia alguém na beirada dele.

E passamos a tocar essa campainha a todos os pulmões. Agora tentávamos não somente ocupar espaço, mas também apropriar-se de tudo que havia nele.

Também não nos interessava se havia duas correntes elétricas saindo de dois buraquinhos. Queríamos colocar o dedinho ali na tomada. E foi assim que desenvolvemos nossas neuroses.

Quando a vida passou a dizer "não" para nós. Essas situações pareciam ser armadilhas gravitacionais para nos expelir do mundo material logo.

Mas fomos sobrevivendo mesmo com o peso da vida.

Os nossos problemas se resumem em duas realidades: o espaço não é nosso e a matéria também não.

Daí resultarão todas as dificuldades que teremos de enfrentar na nossa trajetória.

Esses aglomerados de átomos que somos em nossa consistência física não nos pertencem e, por isso, iremos perdê-los com o tempo.

E estaremos provocando uma distorção espacial onde estivermos.

Tudo isso vai pesar com o passar do tempo, até que não possamos mais suportar.

É a luta pela vida. E por isso vamos ficar a vida inteira pegando átomos emprestados da matéria para podermos resistir à gravidade.

Não fomos consultados na hora de nascermos. Ninguém pediu nossa opinião para saber se iríamos aceitar ou não o desafio.

Foi o mesmo problema no ventre. Chegou a hora de sair e tivemos que partir depois de sofrermos uma pressão de meses por meio das contrações.

Elas sempre nos lembravam que a gravidade tinha nos dado um prazo pequeno. E três quilos vinham sobre nós vez por outra para nos lembrar.

Até que foram intensificando tornando a vida lá dentro simplesmente inviável. E nove meses depois tomamos a decisão mais difícil da vida.

E fomos considerados aptos para carregar nosso peso lá fora. Para defender nossa distorção, ou seja, nosso próprio espaço.

Mas não pensemos que a gravidade nos dará folga. Ela sempre está reivindicando o espaço que ocupamos na vida.

Somos apenas um aglomerado de átomos resistindo a tudo isso.

Isso mesmo, não passamos realmente de um aglomerado temporário de átomos. É isso que somos.

Com a gravidade na cola, só resta à matéria a reciclagem de seus átomos. Tudo isso para continuar resistindo até o fim.

Mas, cedo ou tarde, iremos liberar nossos átomos para que outros espaçosos ocupem o espaço/tempo da vida.

A GÊNESE PRIMORDIAL

Parece que não tivemos culpa nenhuma nessa história.

Entramos no meio de uma briga milenar. Ao que parece, no início havia duas forças que se equiparavam, e por isso tudo ia bem entre elas.

A Terra era sem forma e vazia. Não acontecia nada, e as duas forças estavam num ponto perfeito de equilíbrio.

Mas aí veio a determinação suprema: "Haja luz." Pronto, começou a crise. Teve início uma perturbação da ordem inicial.

E foi quando uma força começou a ganhar mais potência que a outra. E começou a contrair. Ficou uma força de contração mais forte e uma força de resistência mais fraca.

Até que a situação foi ficando insuportável. Uma densidade intensa estava se formando. E foi se intensificando.

E foi se apertando, apertando e apertando, até que bang! Houve luz.

Era a explosão inicial que deu origem à matéria, que não parou mais de explodir.

As estrelas mostram isso. São um bando de explosões e de reações no espaço contra a força compressora, que chamamos de força gravitacional.

Você é uma explosão em potencial.

Isso mesmo, um aglomerado de energia suficiente para explodir quilômetros de distância.

Mas não devemos nos empolgar muito com isso, porque tirar energia explosiva dessa fonte é uma tarefa pouco provável de acontecer.

Einstein disse que uma unha nossa seria suficiente para explodir uma cidade inteira.

Somos uma força nucleada por nossos átomos. Somos $E = mc^2$.

Resultado da energia nucleada que forma a massa por estar na velocidade da luz e ao mesmo tempo uniformemente organizada.

No momento, a matéria tende a expandir e a gravidade quer contrair.

Pronto, entramos no meio dessa briga. Aqui no nosso nível, o da Terra, não temos muita força contra a gravidade.

Vamos cedendo a ela no decorrer dos anos.

Nossas células – apesar de lutarem bravamente, nos renovando a cada momento – não são suficientes para nos garantir o elixir da vida eterna.

A vida biológica tem seu tempo determinado.

Mas dizem que nos níveis mais macro do universo a matéria está levando vantagem.

Está expandindo por meio de uma energia escura, possivelmente originada da grande explosão.

Daqui não conseguimos ainda entender o que é essa energia que nos dá esperança.

Mas parece que realmente foram separadas as trevas (matéria escura) da luz (explosões estelares).

E isso vai determinar o destino da matéria e do universo.

E somos como Einstein disse: "Uma partícula do universo." Não podemos fazer nada para impedir todo esse desfecho que se desenvolve ano-luz após ano-luz.

■ INOVAÇÕES ATÔMICAS ESTRATÉGICAS

Mas a matéria nunca desiste.

Ela resiste bravamente às oposições gravitacionais do tempo que tenta nos fazer voltar para o pó – o pó cósmico de onde viemos.

Somos energia em resistência ao tempo. Assim como todo o mundo material que nos rodeia.

E por isso os elétrons são imprevisíveis. Eles são dinâmicos e buscam dar forma física a novos arranjos atômicos.

Esses arranjos serão sempre diferentes. Não haverá um ser exatamente igual ao outro e nunca um dia é repetição idêntica dos anteriores. Tudo é novo. É a matéria resistindo à gravidade.

E no nível em que a força gravitacional não impera – o nível das partículas menores – procura-se inovar, fazer o melhor. É uma estratégia de sobrevivência.

Tudo que se forma na natureza é novo.

Talvez seja a busca do melhor. Algo que poderá fazer a diferença. Uma tentativa nova de se vencer a batalha entre a compressão e a expansão.

Por isso, vez por outra surge um Galileu, um Gauss, um Newton, um Einstein, um Tesla, um Ford, um Bill Gates e outros gigantes das realizações tecnológicas e das descobertas dos mistérios da vida.

Cada um de nós é uma fonte de resistência às oposições da natureza.

Quando um problema surge, é de nível macro e ligado ao gravitacional, na maioria das vezes, mas no nível micro um rearranjo está sendo elaborado.

E em um dia após o outro existe a possibilidade de a solução estar sendo encaminhada.

Por isso precisamos ter sempre esperanças e buscar com isso o melhor. Temos recursos de reações. Somos reciclagens constantes de átomos e de células.

Fomos forjados da resistência material contra as imposições gravitacionais. Saber disso não ajuda muito, não é mesmo?

Mas acreditem: somos dotados de recursos que nos permitem ousar viver intensamente e prolongar ao máximo essa existência.

Desafiando as leis cósmicas

Um dos homens inéditos da história estudou as partículas inferiores. Seu nome era Heisenberg, e apresentou ao mundo o princípio das incertezas.

Outro homem contemporâneo dele e mais famoso – Albert Einstein – estudou as coisas num nível mais macro e apresentou ao mundo a Teoria da Relatividade.

Um apresentou um universo bagunçado, baseado nos elétrons e arranjos atômicos. O outro apresentou um universo organizado, baseado na luz e suas consequências.

Os adeptos de Heisenberg e da física quântica dizem: "O universo é aleatório, por acaso."

Já os adeptos de Einstein e da relatividade dizem que o universo é regido por leis.

Parece que vivemos num universo assim: um misto entre o causal e o casual, entre o aleatório e o sequencial, entre a ordem e o caos.

A matéria procura resistir à gravidade por meio da organização. Por sua vez, a gravidade que uniu as massas tende a levá-las ao fim. É a tendência do caos e da desordem.

E assim vamos percebendo um universo ao mesmo tempo lógico e caótico.

A nossa vida também é assim: existem consequências casuais, mas muitas consequências são causais. Por isso somos convidados todos os dias pelo universo a procurar fazermos o melhor enquanto estivermos vivos.

A expandirmos como ele o faz.

É assim que a matéria resiste. Por meio da inovação, da estratégia e da busca pelo melhor. Podemos aprender com ela ou simplesmente deixar que o aleatório decida a nossa sorte.

A LEI DO MENOR ESFORÇO

Houve outro homem nesse ínterim que descobriu outra lei da natureza: a do menor esforço. Seu nome: Giovanni Borelli, um italiano que percebeu certo comodismo da matéria.

No século XVII o físico italiano Giovanni Borelli percebeu um fator interessante denominado por ele de "Lei do Menor Esforço".

Era uma tendência descoberta por ele e, ainda que não soubesse, tinha a ver com a força gravitacional.

"A lei perpétua da natureza é agir com um mínimo de trabalho, evitando inconveniências e prolixidades", disse o físico.

Era a descoberta da Lei do Menor Esforço que determinava o equilíbrio entre o dinâmico e o estático.

Borelli citava vários exemplos, e em um deles lembrava que duas bolhas de sabão se ajustam de tal maneira que passam a ocupar a menor superfície possível.

Ele via nisso uma espécie de acomodação natural buscando-se o caminho mais fácil evitando se ocupar mais espaço, o que aumentaria os riscos e os atritos.

Esse fenômeno foi descrito por ele como um estado de tranquilidade natural comum, já observado também em vários outros comportamentos cósmicos.

Outro exemplo que Borelli citava se inspirou nas brincadeiras de sua infância.

Quando jogava bolinhas de gude e observava que logo depois de lançar uma delas a tendência era que a resistência do pó do chão contivesse o avanço da bolinha. Ela estacionaria num determinado momento.

Borelli dizia que nesse caso a razão de variação de altitude seria igual a zero.

As coisas naturais tendem a se estacionar e a evitar a prolixidade e as inconveniências. Tendem a zero.

Alguém lança um satélite e ele solta um turbilhão de energia para superar o campo gravitacional e depois estaciona no espaço.

Esse estacionamento aconteceu com a Lua e os demais astros. Explodiram no início e depois se conformaram.

Alguém chuta uma bola de futebol e ela vai rolando, mas aos poucos vai cedendo à resistência do chão e da curvatura espacial. Daqui a pouco ela para.

"Duas bolhas de sabão ajuntam-se de modo a ocupar a menor superfície possível", foi a descrição original de Borelli.

Parece bem apropriada, não acham?

A humanidade parece seguir essa lei. A das conveniências e da acomodação. Vez por outra surge um que quebra paradigmas, como Einstein e sua turma na história.

Mas são poucos os que se atrevem a invadir tanto os espaços alheios. É mais sensato aceitar as coisas como são.

O contrário pode nos fazer sentir intrusos demais na vida. Apesar de que os mais atrevidos é que entraram para a história da humanidade. Isso porque foram responsáveis por grandes realizações.

Mas a maioria das pessoas tende para a acomodação, a evitar inconveniências, a agir dentro do comum, ou seja, a se adequar.

Como no caso dos planetas, é um estado de equilíbrio em relação à gravidade, para distorcer o mínimo possível do espaço disponível.

É um equilíbrio estranho esse da natureza entre o dinâmico e o estático. Muitas coisas que foram formadas tiveram um estado de turbilhão e depois partiram para um estado de tranquilidade.

Cientistas acreditam que se não houvesse homens que se atrevessem a questionar as coisas antes de aceitá-las como são, ainda hoje estaríamos vivendo em cavernas.

É a expansão humana lutando contra a compressão da vida em si, em que a acomodação não é a melhor das opções.

CAPÍTULO 6

▰ Existe a antimatéria?

Nosso universo também estava na lista negra para não existir. Mas, inexplicavelmente, existe, contrariando todas as probabilidades.

O universo também existe por um triz.

Se fossem levemente alteradas, as medidas precisas do Big Bang teriam destruído qualquer possibilidade de existir a matéria.

Seríamos destruídos pelos elementos básicos da antimatéria, que quando iam encontrando com os da matéria provocaram grandes explosões numa fração de segundos.

O que restou dessas colisões quânticas fez surgir tudo que existe hoje no mundo material.

Mas onde foi parar a antimatéria?

E por que nosso universo é de matéria?

Essas e outras perguntas ainda estão martelando a cabeça dos maiores gênios da física moderna.

Sabemos que existe a antimatéria. Alguma dúvida? Basta pensarmos do que é feito o raios X. Isso mesmo, é resto de material radioativo explodindo e provocando um efeito antimaterial, a ponto de penetrar na matéria e revelar o que está dentro dela.

Raios X são antimatéria numa carga de pósitrons na direção de nosso couro cabeludo.

São esses raios que nos revelam o interior do cérebro, numa tomografia computadorizada, por exemplo. Ironicamente, podemos dizer: "O cérebro não desvendou a antimatéria, mas ela está desvendando o cérebro."

A MATEMÁTICA DA VIDA

E quando o universo foi criado existiam as partículas mínimas que formariam todas as coisas. Podemos dizer que existiam os quarks e os antiquarks.

Para cada bilhão de um havia outro bilhão de outro. Mas, inexplicavelmente, parece que os quarks tinham um a mais para cada bilhão do outro.

E essa desproporção matemática evitou a simetria e que um explodisse o outro por completo.

Quando um quark encontrava com seu oposto antimaterial explodiam juntos. Mas, como havia mais quarks, sobrou o que formou o mundo material de hoje.

Mas o que de fato provocou essa desproporção matemática que permitiu a matéria surgir ainda é um mistério para a ciência.

Aliás, a matemática está sempre por trás de todas as situações em que o caos deixou espaço para a ordem do mundo material.

É difícil definir se o universo é a ordem ou o caos, porque parecem ser duas situações opostas, mas que se manifestam.

A matéria tem na ordem a sua força, numa sequência matemática que se inicia desde os arranjos atômicos e a articulação dos elétrons.

Por outro lado, a gravidade promove o caos, levando tudo aos poucos para a desintegração.

Mas, enquanto houver energias ativas a matéria manterá a ordem antes que o caos gravitacional tome conta de tudo.

Isaac Newton – autor da teoria da gravidade – mostrou que existem leis que governam o universo.

Mendeleeiv – autor oficial da tabela periódica – conseguiu calcular os arranjos dos elementos químicos, a ponto de criar uma tabela de ordenação para eles.

Ele chegou a prever outros elementos que sequer havia conhecimento a respeito deles na época. Mostrou inclusive em que espaço da tabela eles ocupariam quando fossem descobertos.

Galileu – o maior astrônomo da história – viu na matemática a linguagem de Deus para com os homens.

E Einstein – o pai da física moderna – viu um universo cuidadosamente organizado e relativo, com uma lógica que promoveu a existência das maiores estruturas do cosmo.

Ele tentou resumir todo o universo numa só equação.

Nosso combate orgânico

Passemos para um exemplo prático para entender como a gravidade do cosmo pode interferir em nossos problemas do dia a dia.

Já sabemos que matéria é energia resistindo à curvatura do espaço, que poderia nos desintegrar. Enquanto houver energia resistindo à matéria – seja ela ser vivo ou inanimada –, irá resistir ao desgaste temporal.

Mas, ainda assim mesmo, indiretamente a gravidade tem suas estratégias de contração.

Como matéria é energia, existem materiais que são mais sensíveis a esse efeito gravitacional e acabam liberando mais conteúdo energético por meio de um processo precoce conhecido como radiação.

Existem elementos mais radioativos que outros, apesar da força nuclear fraca servir para amenizar esse decaimento.

Essa radiação liberada na natureza vez por outra vem de encontro aos seres vivos.

Portanto, mesmo com a blindagem que a matéria tem contra a gravidade nos arranjos atômicos e eletrônicos, onde outras forças prevalecem a nosso favor – ainda assim, no âmbito mais macro a gravidade acaba interferindo.

Dos arranjos atômicos – em se tratando de seres vivos – será desenvolvido um segredo de resistência que irá projetar todo o desenvolvimento orgânico: o DNA.

Esse funciona como um código secreto, oriundo dos arranjos atômicos e eletromagnéticos – e que ditará as regras dos arranjos moleculares em busca dos aminoácidos adequados, para a construção de cada parte do corpo do ser vivo.

E esse segredo vai sendo compartilhado em cada célula do corpo para que nada saia do projeto de construção, como forma de resistir à imposição gravitacional e à curvatura no espaço e suas consequências.

Se vamos invadir espaço, precisamos de um segredo que nos garanta a renovação contra as consequências disso: é o DNA.

E esse segredo vai sendo passado de geração em geração de células, desde o nascimento até as fases mais avançadas da vida biológica.

No ser humano esse projeto é fantástico e nos permite prolongar os anos por meio de um desenvolvimento constante.

Mas a gravidade não deixará por menos. E por meio da radiação, vez por outra vai interferir na transmissão do segredo.

Na hora que uma célula estiver transmitindo o segredo das cadeias do DNA elas poderão sofrer o efeito da radiação. E isso poderá alterar a mensagem, distorcendo-a.

E com isso, a próxima célula poderá sair do projeto inicial do DNA, porque recebeu uma mensagem distorcida.

E como numa construção que alguém sai do projeto, o edifício passará por alterações. É daí que resultam os tumores e o envelhecimento.

Mas, por meio de um estoque inicial de enzimas, o corpo irá produzir os mais diversos metabolismos que alimentarão células combatentes contra essa distorção.

E com isso, muitos possíveis tumores serão combatidos bravamente pelo sistema imunológico. Células CD8 e CD4, juntamente com todo um exército e uma análise cuidadosa chamada de complexo de histocompatibilidade, estarão a pleno vapor, preservando o projeto inicial do DNA e combatendo tudo que sair dele.

O problema é que com o passar do tempo, e o desgaste das reservas de enzimas que nos sustentam, a gravidade acaba conseguindo cumprir seus desígnios.

E começamos a envelhecer ou passar pela evolução de alguma célula tumoral.

Isso vai resultar em outros tipos de problemas de ordem psicossomática e possivelmente irá refletir em outras situações e no nosso comportamento diante da vida em si.

Nosso corpo é um sistema fantástico! E conseguirá se manter enquanto permanecer na ordem. Mas todo corpo vivo é uma ordem temporária que já nasce trazendo consigo a semente do caos.

No final, depois das agressões externas e as regressões internas, o fim da ordem dá lugar ao desordenado mundo da desintegração.

Como matéria nosso corpo tem o mesmo destino das estrelas.

▬ Espetáculos estelares da vida

Aprendemos muito com as estrelas nas últimas décadas. Por meio delas conseguimos entender mais o que ocorreu no universo desde a sua criação.

Assim como nós, elas enfrentam a pressão gravitacional. Por isso explodiram.

É uma reação diante da imposição que caiu sobre suas estruturas. E assim muitas delas encontram-se em fases diferentes da existência em seus anos-luz.

Quando vemos uma estrela a brilhar saibamos de uma coisa: uma crise já aconteceu. E isso causou uma explosão do seu núcleo – uma explosão nuclear.

E graças a essa explosão elas enfrentarão a gravidade e no início de sua sequência principal nem notarão a pressão existencial.

E enquanto houver hidrogênio como combustível, vão brilhar intensamente.

Um pequeno Big Bang cósmico.

Mas a gravidade não se intimidará por maior que seja o brilho de qualquer estrela que seja.

Mais tarde, quando o combustível estelar estiver chegando ao fim, ela estará esperando.

Isso, se não se tornarem estrelas marrons fracassadas já no início da saga. Fora isso, o máximo que conseguirão é se tornarem gigantes vermelhas.

Quando cessar o combustível em seu núcleo.

Na batalha começarão a queimar os elementos da periferia. E depois, numa última tentativa, explodirão em gigantescas supernovas.

Mas, ao explodir, enviarão os elementos fundamentais para a vida, espalhando-os pelo cosmo.

Isso possibilitará a formação de novos planetas e estrelas.

Graças a isso nós existimos.

Isso mesmo. Somos resultados de crises, explosões, colisões, rompimentos e intensa resistência. Os estresses cósmicos nos permitiram existir.

A Terra nasceu disso e ainda não tinha elementos suficientes para nosso surgimento. Mas estrelas moribundas se encarregaram de nos suprir. E agora estamos aqui.

Viemos do pó. Do pó cósmico. E ao pó retornaremos.

Também viemos do estresse cósmico e enfrentamos o estresse biológico, que nos permite evoluir.

O que não sabemos é em que ponto da evolução o ser humano se distanciou tanto dos demais seres da Terra.

Já não sabíamos também como a química evoluiu para a biologia.

Mas sabemos que todo esse atrevimento a gravidade não vai tolerar por muito tempo. E por isso continuará nos pressionando.

Nós viemos do seio da Terra. E como a Terra nós também enfrentamos a força de compressão gravitacional.

Vez por outra nosso planeta se revolta com isso. Tenta lançar alguns vulcões na natureza, numa reação nuclear de dentro para fora.

Mas a gravidade está esperando e contém a erupção. Porém nosso planeta não está morto. Ele desloca incessantemente suas placas reagindo à pressão contra seu núcleo.

E toda essa batalha nos fez surgir. Desde que as placas tectônicas emergiram dos oceanos, foi questão de tempo para que o homem exercesse seu domínio.

Aprendemos com nosso planeta a reagir contra a compressão da vida. Não vamos jogar a toalha. Enquanto houver vida iremos construir nosso futuro.

E ainda que venhamos a passar, gerações seguintes herdarão benefícios deixados por nós.

É uma atrevida evolução peculiar de seres extraordinários e incomparáveis até o presente momento.

CAPÍTULO 7

▰ Hóspedes bem ilustres

A impressão que tínhamos quando ainda estávamos no feto não foi uma ilusão.

Realmente a placenta se preparou como um hotel de alto luxo para receber seu hóspede mais ilustre. Por isso pensávamos que a placenta fosse nossa e não sabíamos que a dividíamos com nossas mães.

Recebemos a chave do quarto – o cordão umbilical –, que nos dava o direito a regalias.

Entre elas estava temperatura ideal, espaço à vontade para dar cambalhotas, proteção contra atritos e ainda podíamos ouvir as batidinhas do coração da mamãe.

E mesmo depois que não houve mais espaço para nosso desenvolvimento, apesar de termos que deixar o local, ainda assim não fomos simplesmente despejados.

Quando chegamos ao seio materno a campainha cerebral da mamãe tocou e tudo começou de novo a funcionar a nosso dispor.

Verdadeiras sacolas de leite nos esperavam prontas para serem utilizadas.

Quando começamos a sugar o seio o aviso ao organismo materno foi dado: o hóspede quer comer.

E toda uma movimentação aconteceu para nos servir o alimento.

E se pensávamos até o momento que o universo foi hostil para conosco, é bom reavaliarmos a situação.

Apesar de todos os abalos cósmicos com nascimento e morte de estrelas e planetas, o espaço se preparou para nós.

Todas as energias da natureza estão na medida certa para promoverem a vida. Até a própria força gravitacional não foi autorizada a nos pressionar a ponto de não nos deixar existir.

Se ela fosse um pouco mais forte, nosso núcleo atômico não se formaria. Sem isso, sequer poderíamos existir. Nem quimicamente falando.

Mas, também se ela fosse um pouco mais fraca, nossos elétrons já estariam mais dispersos e os núcleos de átomos também se dilatariam por não haver resistência.

Já seríamos – na melhor das hipóteses – como névoas no ar e plasmas sem forma.

Isso pode parecer estranho. Mas, ao mesmo tempo que a gravidade é tão implacável para conosco, ela está na medida exata para que existíssemos.

Seus percentuais combinados com os de outras forças – como a nuclear e eletromagnética – se equilibram de maneira fantástica e isso possibilitou o surgimento da vida.

Essa combinação poderia ser menos precisa o suficiente para existir somente a matéria. Mas, para a matéria ultrapassar a fronteira química e atingir a biológica, a combinação teve que ser matemática.

E para redimir de vez a gravidade dessa imagem de vilã da história, é só atentar para o que acontece com nosso corpo.

Os ossos lutam para sustentar nossa arquitetura contra a gravidade e para isso contam com o apoio dos músculos. A partir daí, o coração pode bombear o sangue, um elemento fundamental contra a gravidade. Essa limpeza e nutrição que o sangue promove ao enfrentar a pressão da vida e circular pelas veias é essencial para estarmos vivos.

Enquanto esse processo ocorrer, significa que teremos calor e se temos calor é porque ainda temos energia. E se temos energia é porque ainda vivemos. O corpo assumirá uma temperatura gélida quando se render à força gravitacional.

Mas é exatamente nessa pressão que está o segredo da vida. Não teríamos o sangue e os ossos se não fosse a própria gravidade que eles enfrentam.

Por meio dela vieram a esse planeta elementos fundamentais para a vida. Entre eles o cálcio, que formou os ossos, e o ferro para o sangue.

Esses elementos só foram produzidos nos núcleos quentes das estrelas na luta delas contra a gravidade. E nessa crise toda explodiram e com isso os elementos chegaram até nosso planeta.

A partir daí, foi só juntar com outro alienígena – o carbono – para a construção da cadeia da vida.

Ironicamente a gravidade trouxe para nós exatamente os elementos que mais precisamos para enfrentá-la.

É estranho o universo. Ele parece um ambiente hostil para a vida. Não tem sido fácil ser vivo aqui. Significa lutar para viver por um breve período.

Enquanto ao mesmo tempo ele fez questão que a vida existisse.

E para isso, tudo está na medida certa. Tudo no ponto crítico, em que não se pode tirar nem acrescentar nada. Se um detalhe matemático, químico ou físico fosse mudado, não teríamos surgido.

Afinal de contas, somos ou não bem-vindos?

A vida é incrível! Essa própria hostilidade cósmica se transformou em certa hospitalidade bem conveniente.

É uma conveniência disfarçada por dramas. Uma ordem temporária e detalhada caminhando para o caos.

É o próprio caos sendo convertido em ordens temporárias. Todos os dias.

No final vai prevalecer o caos, mas até lá a ordem apresentará seu maior espetáculo: o milagre da vida!

O universo parece um longo enredo seguido desde a menor das partículas ao maior dos aglomerados estelares.

Essa movimentação é tão dinâmica que traz a diversidade da vida.

Todas as movimentações são inéditas. Cada estrela tem seu espectro próprio. As gotas que passam no ribeiro hoje nunca se repetirão. E cada ser humano é único. Uma cópia que jamais se repetirá em toda a história da humanidade.

A natureza não aceita cópias.

Parece ser necessário, em todo momento, um arranjo novo dos elétrons para superar as restrições gravitacionais. Cada movimento, aparentemente errático, deles precisa ser inédito para conseguir passar pelo crivo dos misteriosos grávitons.

E por isso todo esse espetáculo natural de inovações do universo continuará.

Até o apagar da última estrela.

Nós e o universo em que vivemos

Somos uma parte de tudo que existe.

Até mesmo o próprio Albert Einstein chegou a afirmar que se sentia uma partícula do universo. Ele dizia isso referindo-se à sua pequenez diante da grandiosidade das coisas que havia descoberto e apresentado à humanidade.

Aliás, após ele descobrimos que somos um aglomerado de átomos como toda a matéria existente.

Na época, o nosso brilhante cientista mostrou que matéria é na verdade um comportamento da energia, que se torna tão acelerada e uniforme que chega a dar forma e estrutura às coisas.

Outra afirmação de Einstein para definir o que é matéria é que a energia contida numa pequena unha é suficiente para explodir uma cidade inteira.

Pronto, estava desvendado o mistério das estrelas. Quando vemos uma estrela brilhando no céu, significa que algo já aconteceu. Já houve uma explosão nuclear, pois matéria nada mais é do que energia acelerada e organizada em função de um núcleo.

A energia nucleada, que forma uma unha, como toda a matéria, é, portanto, a conhecida energia nuclear.

Somos praticamente feitos de pura energia. Só que ela está se comportando de maneira uniforme dando forma às coisas existentes.

Mas tudo tem potencial nuclear, como no caso das estrelas, em que a energia foi tão intensa que houve a explosão de seu núcleo. Conforme vimos, uma estrela brilhando no espaço significa que já ocorreu uma explosão e que outras estão acontecendo durante a queima de hidrogênio.

Mas quando dizemos que somos parte do todo, precisamos compreender que isso é real e ocorre em pelo menos dois níveis diferentes.

Primeiro, que temos o potencial nuclear, ou seja, a matéria que nos compõe é energia em movimento acelerado e uniforme. Quando olhamos para um objeto em repouso, a física ensina que depende da perspectiva que se vê para dizermos se ele está ou não realmente estático.

No aspecto subatômico ele está em pleno movimento de seus elétrons em torno do núcleo. E isso de uma maneira tão intensa que nem conseguimos perceber.

E mais do que isso, trazemos os mesmos elementos que estão presentes nas estrelas do céu.

Para isso basta dizer que temos o cálcio para os ossos, o ferro para o sangue, o carbono que formou praticamente toda nossa estrutura e outros elementos, como o enxofre e o hidrogênio.

Todos eles vieram das estrelas para formar os seres vivos, dos quais nós fazemos parte.

As mesmas poeiras cósmicas, energia e gravidade que formaram as estrelas formaram também os planetas.

E o homem originou-se do planeta Terra, literalmente do barro. Aliás, é impressionante como alguns minerais argilosos possuem propriedades catalíticas e organizacionais.

Mas, até quando permaneceremos seres vivos?

Até o momento em que a energia parar de sustentar o núcleo de nosso corpo.

Quando a energia não puder manter o corpo funcionando e se renovando diante dos desgastes da vida, então se encerra a nossa jornada biológica e terrena.

Terra: planeta água

Realmente, a presença de água no estado líquido é fundamental para a vida e principalmente para o ser humano. Definitivamente, o homem nasceu da água.

Um cientista chamado Alexis Carrel disse certa vez: *"O corpo humano é formado por um punhado de sais e de proteínas em solução na água."*

Se em nosso planeta não houvesse água em estado líquido – ao invés de vaporizada ou congelada – não haveria vida.

Desde o início ela se mostrou catalisadora para permitir o surgimento da biologia.

Se perder 10% de sua água o homem tem perturbações mentais. Passando para 20%, essa perda o leva à morte.

Sem água não há vida para nós. Nossas veias retêm os glóbulos vermelhos e brancos para filtrar o líquido que vai circular por toda a parte.

Cada um dos nossos cinco sentidos tem água ou possui no mínimo umidade. Produzimos líquidos com uma velocidade assustadora.

Enquanto bebemos algo, o líquido já se distribui por quase todo o corpo. E até nisso somos representantes fiéis do planeta.

Cerca de 70% de nosso corpo é constituído de água; a mesma proporção do planeta em relação aos seus oceanos. Definitivamente, o ser humano é o melhor representante da Terra.

O ciclo da água na atmosfera é a circulação sanguínea do planeta. A vida ativa dele depende desses estreitos limites.

Juntamente com o gás carbônico os vapores de água cobrem toda a atmosfera terrestre.

Por isso o calor e a radiação solar são transformados em energia vital para todos os seres do planeta. A temperatura fica constante como um efeito estufa sustentando a biosfera.

E dentro desse contexto a vida ativa permanece em estreitos limites para se manter.

Alguns graus a menos abaixo de zero ou acima, mais do que o ponto crítico atual, seriam suficientes para a vida simplesmente deixar de existir.

Nosso planeta é composto basicamente de água bem como nossa estrutura. Mas essa não é a realidade do universo.

É o que veremos em seguida.

Universo: um deserto de gases e sólidos

Todos sabem o que acontece se deixarmos uma folha de papel muito tempo sobre uma pequena vasilha com água.

Mas, que tal uma visão um pouco mais científica desse fenômeno, que faz a pobre folha praticamente se dissolver?

As moléculas da água são perfeitas para diluir as coisas. E isso permite que micro-organismos possam se alimentar e se desenvolver.

Essa liberdade das moléculas da água que conseguem se deslocar e funcionar numa espécie de fluxo foi fundamental para a existência do ser vivo.

No caso dos gases as moléculas são muito dispersas, sem o fluxo.

Já nos sólidos elas são comprimidas e por isso não têm liberdade de se deslocar, o que tornaria a diluição simplesmente impossível.

E sem essa capacidade de diluir não há catalisação e, portanto, não há vida.

Portanto a água é definitiva para a existência biológica.

Este é o problema no universo: ele é feito basicamente de gases e de matéria sólida. Por isso a vida é um fenômeno raríssimo, porque não é comum encontrarmos água no cosmo.

O que significa que: se não é comum a presença de água no espaço, a vida também se torna uma raridade, se é que existe vida fora do nosso planeta.

Até agora, praticamente, só a Terra apresenta condições para a vida.

A localização de nosso planeta em relação ao Sol – não muito distante nem próxima demais – foi um dos fatores principais que possibilitou tal condição.

Já se sabe, por exemplo, que em Europa – lua de Júpiter – existe água, mas possivelmente sólida. Pela sua distância em relação à estrela mais próxima.

Outro problema é que ser líquido não significa ser H_2O. Já se encontrou fora de nosso planeta líquido parecido com a água, mas se tratava de metano.

O metano na Terra seria gás, e altamente explosivo – uma verdadeira bomba ao encontrar-se com o gás mais presente em nossa atmosfera: o oxigênio.

E com outro agravante: não tem a mesma propriedade de diluição da água.

Pega-se um líquido como o metano e coloca-se nele uma bolacha e depois de certo tempo ela continuaria crocante. Ao passo que na água essa mesma bolacha, ficando no mesmo tempo, seria dissolvida.

Esse é o diferencial da água que possibilitou a propriedade catalisadora para a vida de micro-organismos.

O ponto de partida para a vida é a catalisação da água.

E num universo em que não há líquido, mas em sua maioria, somente gases e matéria sólida, isso fica inviável.

Acredita-se que para haver vida deveria existir um alienígena com outra composição física em que a água não seria tão necessária.

Difícil de se imaginar e ao mesmo tempo mais ficção científica do que ciência.

Nosso planeta é um ímã gigante

Mas será que a água é o líquido mais importante de nosso planeta?

Uma das figuras mais interessantes é a do pombo-correio. Essas aves eram utilizadas na antiguidade para enviar mensagens fixadas em suas patas de um continente para outro.

Mas porque o pombo tem esse senso de direção tão apurado?

Cientistas se surpreenderam ao estudar esse fenômeno. Os pombos não se perdem porque conseguem se guiar pelo campo magnético de nosso planeta.

E a constatação para isso foi mais surpreendente ainda: nossos fiéis mensageiros trazem pigmentos de magnetita em seus bicos.

Para que servem esses pigmentos?

Funcionam como verdadeiras bússolas de direção. Portanto, além de se guiarem pela posição do Sol, os pombos têm o mesmo efeito que guia navios e aeronaves em seus bicos.

Mas isso tudo ocorre porque existe um líquido tão importante quanto a água em nosso planeta e que completa o ciclo da vida: o ferro derretido que se encontra no núcleo do planeta.

No centro da Terra, a uma temperatura quentíssima e insuportável encontra-se uma substância tão importante quanto a H_2O: o ferro líquido.

Mas por que a sua importância?

Esse ferro faz da Terra um verdadeiro ímã gigante. Ele está armazenado de forma líquida em uma caixinha de ferro sólido. E ambos os tipos de ferro fazem do planeta um grande ímã que é por isso protegido por um grande campo magnético.

O mesmo campo que guia os pombos protege o planeta.

Mais do que isso, esse campo reteve gases o suficiente para formar a atmosfera e a biosfera que circulam o planeta fazendo dele uma grande estufa de vida.

Um verdadeiro jardim de inverno num universo onde o que se vê é um bando de gases e matéria provocando explosões e colisões.

O espaço é um universo de coisas que se colidem e ao mesmo tempo se equilibram, enquanto gases promovem explosões das mais diversas.

Mas, em meio a tudo isso, num planeta totalmente incomum, a vida acontece protegida por um campo magnético, que proporcionou camadas confortantes, protetoras e estrategicamente cíclicas.

Onde a ordem atinge o seu ponto culminante antes que venha o caos.

É a vida como temporária exceção cósmica, num planeta que é uma verdadeira anomalia, nesse universo, em que o ser vivo não tinha a menor tendência de surgir.

Mas, quase milagrosamente, e inexplicavelmente, surgiu pela combinação perfeitamente matemática dos mais diversos fatores de equilíbrio entre o caos e a ordem.

Nosso planeta é de fato um ímã. Mas que atraiu para si de uma maneira perfeita e calculada os mais diversos elementos e fatores que pudessem, ainda que por pouco tempo, proporcionar ao cosmo o quase impossível espetáculo da vida.

CAPÍTULO 8

▬ Deus e o universo

Essa é a pergunta que não quer calar: "*O universo nasceu do acaso ou foi criado por um Deus que está por trás de tudo que existe?*"

Boa parte da comunidade científica não crê na existência de Deus.

Alguns cientistas até admitem que possa existir uma força cósmica superior que as pessoas poderiam chamar de Criador. Mas não creem em Deus.

Ao que parece, as moléculas da ciência não se misturam com as moléculas da fé.

E essa descrença científica foi fortalecida quando surgiram os cientistas da física quântica, entre eles: Bohr, Niels, Heisenberg, Pauli, Dirac e outros.

A física quântica – como vimos – estuda as menores partículas que formam o mundo e seus movimentos frenéticos.

Cientistas observaram, por exemplo, o comportamento dos elétrons e viram que ele pode funcionar de uma maneira bem aleatória.

Chega-se a especular que talvez os elétrons fujam para universos paralelos ao nosso – formados por antimatéria – onde realidades diferentes aconteçam.

Por exemplo, num universo desses Michael Jackson ainda não morreu.

Saindo dessa preocupação científica de tirar Deus da história, podemos dizer que a física quântica é verdadeira e séria.

Se não fosse ela não haveria toda essa revolução microeletrônica que estamos vivendo na sociedade moderna. Não haveria, por exemplo, os CDs e outros equipamentos eletrônicos da modernidade.

A parte controversa é somente aquela que prega um universo que tenha nascido do acaso e não de um plano divino.

Portanto, a física quântica tem uma árdua tarefa pela frente: a de tirar Deus do processo criador.

Mas antes precisa de uma tarefa mais simples, e que durante todos esses anos ainda não conseguiu: destronar Albert Einstein, cujas ideias incomodam profundamente quem defende a teoria quântica.

Houve na época do nascimento dessa teoria um verdadeiro combate de conhecimento, desgastante para ambos os lados, como veremos a seguir.

No ano de 1928, ouviu-se o seguinte: *"Eles me enviam cartas para provarem o meu erro e o interessante é que cada um deles apresenta motivos diferentes."* Einstein ria ao dizer isso.

Bohr afirmou que a posição contrária dele fora um duro golpe na sua teoria das incertezas, que dava sustentabilidade à física quântica.

E Einstein, como lhe era peculiar, se divertia quanto mais os cientistas lhe mandavam cartas dizendo que ele estava errado.

No final das contas prevaleceu a conveniência de aceitar que enquanto a mecânica quântica explica as leis do micro a relatividade de Einstein explica as leis do macrocosmo.

A verdade é a seguinte: o mesmo Einstein que trazia desconforto para o corpo docente na época em que cursava na Politécnica de Zurique e que bateu de frente com seus orientadores, era o que debatia com os cientistas que apresentavam suas descobertas.

E o problema é que sua posição no cenário era privilegiada. Pelo respeito que se tinha à sua contribuição para a ciência.

Alguém fazia uma descoberta na física e logo pensava: "O que Einstein vai dizer disso." Isso era importante porque, dependendo do que ele dissesse, a teoria prosperava ou não.

E ele, por sua vez, continuava o mesmo polêmico de sempre. Para isso, basta dizer que ainda hoje é difícil ficar livre de sua figura marcante.

O problema não era só esse. Einstein tinha uma espécie de intuição e que era quase como uma intimidade com o universo. Ele havia aprendido intuitivamente e por meio de buscas e comprovações como funcionava o universo.

Nenhum outro antes dele, e até o presente momento, conseguiu entender o universo dessa maneira.

As coisas que ele dizia geralmente faziam sentido. Talvez nem sempre no momento em que ele dizia, mas tempos depois. Até quando errava ele dizia algo coerente.

Um caso típico foi quando reconheceu que estava errado quanto à teoria do átomo primordial, que seria a base para o Big Bang. E Einstein, ao descer do palanque num desses eventos, comentou como Lemaitre – autor da teoria contestada: "Se *o universo está expandindo, deve estar vindo de algum lugar.*"

Pronto, estava ali a inspiração para se entender que havia uma possível origem: a grande explosão.

Mas, no caso, da física quântica, o golpe de Einstein provocou seus efeitos na época quando ocorreu uma verdadeira corrida científica no sentido de tentar salvar a nova teoria da aleatoriedade.

Na época Einstein disse: *"Ela está incompleta."* Acredita-se que talvez a mente humana ainda não esteja preparada para explicar tamanha teoria.

Mas o fato é que ela precisa realmente de ideias complementares. A predição de Einstein é exatamente o calcanhar de aquiles da quântica.

Hoje ela é cercada de outras diversas teorias que tentam explicá-la. Entre elas a dos "Universos Paralelos", "Suicídio Quântico" e "Efeito Copenhague".

Mais uma vez Einstein acertou: ela está mesmo incompleta.

Ela, por outro lado, traz consigo a vantagem de ter contribuído para a criação de tecnologias modernas. Não pode ser derrubada por completo.

A QUÂNTICA *VERSUS* A RELATIVIDADE

Uma das grandes dúvidas da física é exatamente o que separa o universo apresentado por Albert Einstein do apresentado por Bohr e sua turma.

O de Einstein é um universo mais organizado – bem-comportado – como dizem os críticos.

Já o universo de Bohr, Heisenberg e Pauli é imprevisível e incerto – bagunçado –, como disse o próprio Einstein.

Por isso, assim que foi apresentada a teoria quântica, Einstein de início disse que ela merecia ser pesquisada. Porém, nos bastidores, teria dito a famosa frase: *"Deus não joga dado."*

E finalmente, lançou a dúvida dizendo que a teoria estava incompleta, indicando a impossibilidade de a teoria medir a posição de um elemento num determinado momento.

Realmente a física quântica, por indicar um universo desorganizado, não teria a matemática como sua principal força.

Já o universo relativo de Einstein era composto de fórmulas e cálculos e tinha sido a base da física moderna.

Ambas as teorias já trouxeram grandes resultados para o mundo de hoje, e a quântica se destaca porque desde que surgiu já ajudou a criar maravilhas modernas como o CD, a ressonância magnética e o controle remoto.

A relatividade, por sua vez, nos permitiu descobrir novos planetas, a energia nuclear, os radares e outras maravilhas dos nossos dias.

Ambas têm o seu valor reconhecido. Mas elas aparentemente se contradizem quanto à questão do determinismo e do aleatório.

Um dos principais pontos da física quântica é o fenômeno que se observou chamado de "a fuga dos elétrons". Eles se comportam de uma maneira inusitada, chegando a literalmente desaparecer durante seu trajeto.

Acredita-se que seja para não se chocar contra o núcleo atômico ou que eles cheguem a ir para um universo paralelo de antimatéria e voltem.

A verdade é que existem muitas teorias para completar a mecânica quântica, que ainda sofre a sentença de Einstein, ou seja, ainda está incompleta. E por isso muitas especulações existem em torno do assunto.

O grande desafio da física quântica é entender o comportamento do átomo. Mas ele se mostra cada vez menor do que se esperava.

Ele funciona como uma caixa de segredo. E quando você finalmente consegue abrir essa caixa encontra lá dentro outra caixa fechada, numa interminável busca da menor partícula possível no universo.

Para se ter uma ideia do átomo – que já há muito tempo não é a menor partícula –, imagine a maçã de Isaac Newton.

Imagine quantas maçãs seriam necessárias para preencher todo o planeta.

É mais ou menos esse o número de átomos necessário para preencher a menor matéria observável a olho nu, como a ponta de um alfinete, por exemplo.

Por isso já sabemos de partículas como os neutrinos, os gluôns e os quarks, menores que os prótons e nêutrons e até mesmo que os elétrons.

Mas não sabemos ainda qual é o elemento fundamental da existência material.

Os elétrons por sua vez já mostraram que não perdem energia durante seu trajeto, como se imaginava, mas adquirem em seus giros porções energéticas para suas rotas.

E mais do que isso, sua rota não é tão parecida com os anéis de Saturno como se desenha. Seria mais próximo da realidade imaginar que eles percorrem tantos caminhos em redor do núcleo ao mesmo tempo que chegam a parecer um revestimento completo em torno de uma bola.

Para isso basta imaginarmos o efeito das hélices de um ventilador. A impressão que temos é que essas hélices estão ocupando todo espaço ao mesmo tempo. Bom, no caso dos elétrons eles realmente estão de fato ocupando todo espaço ao mesmo tempo.

E para isso eles se comportam aparentemente ora como ondas, ora como partículas.

Desconfia-se que sejam ondas e partículas ao mesmo tempo. Daí a ideia de que dois eventos estejam ocorrendo simultaneamente.

E vem ainda o princípio da incerteza de Heisenberg, quando mostrou que ao observarmos um fenômeno do elétron interferimos no evento em si.

Seria, portanto, impossível calcular a posição real dos elementos envolvidos.

Daí a diferença entre um universo calculável e organizado para um universo imprevisível e bagunçado.

▰ Moisés era um cientista?

Mas difícil mesmo seria explicar a existência de Moisés e sua descrição a respeito da criação do universo escrita no livro do Gênesis.

Sim, pois, afinal de contas, seria impossível que alguém tivesse inventado tal personagem com uma versão tão científica para a época.

O primeiro ponto é quando ele descreve a respeito dos quarks e gluôns como elementos base antes da criação cósmica.

"A Terra era sem forma e vazia" – ou seja, não era ainda matéria.

E disse mais: *"Havia trevas sobre a face do abismo e o Espírito de Deus se movia sobre a face das águas."*

Realmente ainda não existia a luz – ou força eletromagnética. E a junção desses elementos antes dos átomos era semelhante a líquido: daí o termo "face das águas".

Estudos mostram que a composição desses elementos menores da natureza só poderia se assemelhar a líquido.

Na pior das hipóteses, seriam como grãos de areia, que formam no deserto ondulações semelhantes à água ao enfrentarem a gravidade.

Moisés descreve em seguida a explosão: "E houve luz."

O que nos lembra o brilho das estrelas, que, ao explodirem, disparam energia eletromagnética pelo cosmo. É um exemplo do que teria acontecido no momento da explosão inicial. Realmente houve luz.

E realmente luz foi o que não faltou naquele momento. Quando um quark encontrava com um antiquark e um elétron com um pósitron a explosão era na hora, e um elemento ia aniquilando o outro.

Mas, para cada bilhão de elementos de antimatéria e de matéria, havia um elemento positivo a mais. E esse elemento extra formou a matéria antes que tudo fosse aniquilado pelas explosões.

A luz foi um fator fundamental no processo da criação da matéria e ainda hoje o é. Tudo que se formou em seguida foi por meio de colisões e explosões.

O texto bíblico diz ainda que as trevas foram separadas da luz. Não sei como Moisés poderia sequer desconfiar disso, mas, realmente, a composição geral do universo é exatamente esta: luz *versus* trevas.

Na verdade, a matéria traz dentro de si os elementos fundamentais da luz.

Einstein disse que uma unha poderia explodir e destruir toda uma cidade, tamanha a energia em seu núcleo atômico.

Energia nuclear nos mostra isso: que temos o potencial de produzir explosões, ou seja, de produzir luz. Assim como toda matéria que existe no universo. Como acontece com as estrelas.

Mas existe também, além da matéria propriamente dita, uma matéria de cor escura que faz interconexões entre as galáxias.

Portanto, enquanto as galáxias produzem luz, as trevas as envolvem.

É a separação entre a luz e as trevas, entre o time das estrelas e a equipe dos buracos negros.

Existem duas matérias básicas no cosmo: a escura e a que traz consigo o potencial de produzir luz, conforme facilmente se vê ao se observar uma estrela.

Moisés descreve também o homem originando-se do pó da Terra.

Nada mais óbvio, pois viemos do pó cósmico enviado pelas estrelas, que tanto criou o planeta como os seres vivos que nele habitam.

É interessante como o barro traz consigo propriedades catalíticas que lembram nossa capacidade de respirar.

Seria praticamente impossível o ser humano não ter surgido do barro.

Isso porque essencialmente nós todos viemos do planeta Terra. E nosso ilustre hábitat nesse universo veio da mistura de poeiras cósmicas agrupadas e comprimidas pela oposição da força gravitacional.

O material que criou o planeta poderia também ter formado uma estrela. Só não teve massa suficiente para isso.

Mas quase explodiu. Prova disso é o ferro líquido derretido que temos no núcleo da Terra revestido por uma caixinha de ferro sólido.

Viemos dessa poeira cósmica, juntamente com gases e energia. É disso que o universo material é formado.

Ele, no todo, é espaço, tempo e matéria.

Não tínhamos como ter surgido de outra essência. Somos feitos essencialmente do mesmo material que forma a Terra.

Alguns mistérios, entretanto, se encontram em algumas coincidências já vistas pela ciência, que associam de forma marcante o ser humano com o seu planeta.

Duas delas são marcantes.

- *Temos a mesma proporção de massa e líquido do nosso planeta. Somos essencialmente 70% de água como ele e seus oceanos.*

A polícia americana chega a acreditar que a mesma influência da Lua nas marés afeta também o ser humano. Eles se baseiam no aumento dos índices de violência durante a lua cheia. Principalmente em casos de delitos menores como briga de marido e mulher e atitudes mais violentas de cidadãos aparentemente comuns. Fora do estereótipo do que seria uma personalidade criminosa.

- *E a segunda é que a velocidade do líquido em nosso cérebro é a mesma das ondas do mar, como se estivessem em plena sintonia.*

Isso sem falar que a temperatura do oceano primitivo é a mesma do líquido de uma célula do corpo humano.

Mas um ponto constrangedor é explicar como Moisés optou por tal versão se o que ele tinha aprendido durante quarenta anos no Egito era uma versão totalmente diferente.

A versão egípcia dava outras referências para o processo criador, onde o homem, por exemplo, teria se originado do rio Nilo e coisas desse tipo.

Há quem acredite que isso tenha sido por causa da revolta mosaica, que fez o grande líder optar por viver com os israelitas ao invés de ser príncipe no Egito, na época em que feriu um dos egípcios que molestava seu povo de origem.

Por enquanto, a versão cristã parece mais coerente: Moisés teria escrito a origem das coisas não baseado em sua razão ou cultura, mas naquilo que o próprio Criador lhe revelara.

Se não for assim, podemos tirar do topo da lista dos maiores cientistas os nomes fantásticos como Einstein e outros e colocar Moisés em primeiro lugar.

Afinal de contas, sua brilhante descrição sobre a origem do universo indica pontos científicos que só foram descobertos milênios depois, quando a tecnologia assim permitiu.

E tem mais: ele descreveu a porção seca chamada terra emergindo das águas. Nada mal, considerando-se que foi exatamente isso que ocorreu quando as placas tectônicas subiram para a superfície, permitindo assim a existência da vida fora da água.

VERSÃO QUÂNTICA PARA A ORIGEM DO UNIVERSO

Para a física quântica não existe e nunca existiu o "nada absoluto".

Qualquer vácuo existente é preenchido por partículas que pulam como numa sopa de elementos virtuais que podem se manifestar por meio de energia a qualquer momento.

Isso significa para ela que é possível o universo se repetir por toda a eternidade de maneira aleatória, da mesma forma como teria sido formado.

Os "quanta" de potência descritos por Nietzsche coincidem com a física quântica.

Na hipótese dele eles vão se formando e recombinando para tornar o mundo como o conhecemos.

Esses rearranjos poderiam se repetir por toda a eternidade, e incluir nisso a desintegração do mundo.

Mas, recombinando tudo nas mesmas ordens anteriores, esse mundo seria novamente criado e essa criação se repetiria por toda a eternidade.

Para entendermos esse raciocínio basta imaginarmos um computador com um jogo de palavras que permitem somente 120 permutações, e que ficasse nessa atividade pela eternidade.

Num determinado momento passaria a repeti-las tendo em vista sua limitação.

Considerando o tempo eterno e o universo finito, isso seria possível teoricamente, acreditam os quânticos.

Mesmo quando tudo acabar e o universo entrar em um colapso. Depois de trilhões e trilhões de anos, o mesmo lampejo de energia manifestado no vácuo – de onde teria surgido tudo – voltaria a se manifestar e o universo surgiria novamente.

E esse fato se repetiria eternamente.

A incerteza quântica parte do modo errático como os elétrons, pósitrons, neutrinos e quarks se movimentam na formação das coisas.

Com base nisso acreditam os cientistas defensores dessa linha que o universo é aleatório.

Dispensam a possibilidade da existência de um Criador por trás de tudo que existe.

E acreditam ainda que novos universos como o nosso serão criados por toda a eternidade, de maneira incessante, mas, ao mesmo tempo, aleatória.

O QUE EXISTE DE CONCRETO NA QUÂNTICA

O que a física quântica conseguiu provar até o momento?

Antes de mais nada, é sempre importante lembrar que a teoria quântica é a responsável por boa parte da tecnologia que hoje utilizamos na vida moderna.

É, portanto, uma ciência real e concreta.

Mas será que isso significa que sua teoria a respeito da origem das coisas de maneira aleatória seja a verdadeira?

Há controvérsias, apesar de alguns cientistas defenderem que a física quântica já tenha comprovado essa possibilidade.

Ao que parece, não é bem assim.

Que não existe o espaço vazio isso já ficou claro e não há controvérsias.

O que chamamos de vazio é na verdade repleto de partículas flutuantes e invisíveis com potencial energético criador.

Isso é fato e já foi comprovado.

Mas não foi comprovado ainda de maneira satisfatória que esse era o ambiente antes de o universo ter surgido, a ponto de partículas flutuantes começarem a reagir e criar do "nada" e sem uma mente criadora tudo que hoje existe.

Isso porque em nosso planeta, e possivelmente no universo, não existe o vácuo absoluto, como o que poderia existir antes de tudo.

Mesmo quando se tentou isolar partículas numa câmara de pressão, ainda assim o próprio material da máquina em si é suficiente para alterar a experiência.

Nunca a física quântica conseguiu realmente criar um ambiente exatamente igual ao que poderia ter existido antes de tudo ser formado.

Na verdade, não passou nem perto dessa possibilidade.

Vivemos num planeta comprimido pelo seu próprio campo magnético, enfrentando a força gravitacional. Esse nosso planeta está distorcendo o tecido espaço/tempo e sendo comprimido de longe pela matéria escura que interconecta nossa Via Láctea com o resto do cosmo.

Estamos, portanto, longe de criar um ambiente como o que poderia existir antes de o mundo ser mundo.

Mas se boa parte da comunidade científica insistir em dizer que provou que do "nada absoluto" possa surgir o mundo independente de Deus, tudo bem.

Afinal de contas, o que seria da humanidade se não fosse toda essa convicção científica?

É a prova viva de que fé e ciência não se misturam. E que, portanto, o melhor é que cada um cumpra o seu devido papel.

À ciência, o papel de nos dar os benefícios da modernidade. E à fé, o papel de nos desvendar a existência de Deus.

CAPÍTULO 9

▰ Ordem se manifestando desde o início

O universo possui uma ordem inegável.

Isaac Newton viu um mundo mecanizado e regido por leis.

As leis da física estão por toda parte. Não há como fugir delas ou evitá-las, pois estavam atuantes desde quando tudo ao nosso redor foi formado, inclusive nós mesmos.

Mas qual a origem dessa ordem?

Vem do mundo abaixo dos átomos.

Apesar dos quânticos verem um universo baseado no acaso, não há como negar o princípio da probabilidade nesse mundo subatômico.

Essa aparente aleatoriedade que os físicos quânticos apontam no mundo das subpartículas segue numa fase anterior às leis da probabilidade.

Um próton e um nêutron, por exemplo, não vão fazer interações sem qualquer regra. Elas serão limitadas há pelo menos 12 leis já comprovadas cientificamente.

É isso que faz, por exemplo, um próton ser uma partícula tão estável quanto se tem observado.

As quatro forças que construíram tudo que existe estão sujeitas a essas 12 limitações.

Aliás, quanto mais intensa a força, mais regras são impostas sobre ela.

Um exemplo disso é a força nuclear forte que está sujeita a todas as 12 leis de conservação de energia.

Isso mostra como o nosso mundo foi encaminhado para o equilíbrio, porque o caos significa o seu fim. Quanto mais intensa a energia, mais vigiada ela é, devido ao seu potencial de desequilíbrio e de desordem. É a necessidade dos limites que evita o caos e mantém a ordem das coisas.

Enquanto houver ordem haverá universo. E para isso existem as leis de conservação para a ordem cósmica e a subatômica.

Foi por meio da ordem que a matéria se formou.

E essa ordem, juntamente com uma sistêmica e estratégica complexidade, pôde proporcionar a existência da vida orgânica.

Existe por trás do universo certa matemática que dá a entender a possibilidade de tudo isso ser parte de um só projeto.

Contudo, o universo parece seguir um ciclo de ordem/caos e depois novamente repetindo esse sequenciamento de ordem e caos.

A ordem começa com as 12 leis de limite das interações subatômicas. Em seguida, vem o caos quando os elétrons começam a interagir no ambiente.

Não dá para saber qual será a próxima mexida eletromagnética.

Mas, ao surgir a matéria de toda essa interação, as leis acabam voltando para governar o cosmo. Como Newton pôde observar.

Até que o caos provocado pela gravidade e a entropia reine sobre tudo. A ponto de essas leis não conseguirem mais se sustentar.

Então virá o fim.

DESVENDANDO A GRAVIDADE

Já vimos que a gravidade reina sobre nosso universo, provocando na matéria um efeito chamado de entropia, que irá levá-la ao fim.

Essa entropia é um desgaste crescente que a força gravitacional causa na matéria até provocar gradativamente a sua desintegração.

Apesar de toda a ordem cósmica sustentando o mundo, no final a gravidade vencerá, aniquilando todas as coisas materiais por meio da desordem.

Mas o que é a gravidade?

Ela é a mais misteriosa das quatro forças, apesar de ser a mais evidente aos nossos olhos.

Não foi possível para a física – apesar de várias tentativas – unificá-la com as demais três forças: nuclear forte, nuclear fraca e eletromagnética.

Ainda não se sabe ao certo se a gravidade sofre o efeito das 12 leis de conservação do mundo subatômico. Mesmo porque não se comprovou ainda se realmente existem os grávitons, que seriam micropartículas gravitacionais, assim como elétrons, quarks, pósitrons e neutrinos.

Até a antimatéria já foi descoberta e comprovada, mas os grávitons – se é que existem de fato – estão longe da vista científica.

Os neutrinos, por exemplo, já foram vistos. Eles seriam partículas existentes nos raios solares.

Mas a estrutura subatômica ainda permanece por se desvendar.

Tratamos neste livro de maneira ampla e detalhada a respeito desta misteriosa força que interfere em toda a nossa vida: a gravidade.

Ela chamou a atenção de Newton ao derrubar a maçã próxima a ele, quando estava tranquilo em seu pomar.

E poderia ter-lhe acertado quando derrubou a fruta.

Algumas pessoas contam essa história dizendo que a maçã caiu sobre a sua cabeça. É uma pequena dose de invenção.

Mais tarde a gravidade incomodou Einstein, que em sua ânsia de resolver o enigma do universo em uma só equação, quis juntar as quatro forças básicas que formam tudo: a eletromagnética, a nuclear forte e a fraca, além da gravitacional.

E a ciência tentou dar prosseguimento à tentativa de Einstein e conseguiu juntar as outras três forças, mas jamais pôde unificar todas por causa da gravitacional.

Nesse livro sugerimos que o motivo é exatamente o fato de ela ser uma força que comprime a matéria, levando-a à desintegração, enquanto as outras – ao contrário – contribuem para a resistência do mundo material.

Mas, por serem forças opostas (as três resistindo contra a gravidade), seria impossível de fato unificá-las.

Trocando em miúdos: a gravidade luta para acabar com o mundo por meio do caos, e as outras forças batalham para mantê-lo em ordem.

Apesar de que as coisas não são bem assim. Nossa força gravitacional não é tão vilã quanto parece.

Na verdade tudo indica que há certo equilíbrio entre a oposição da gravidade às três forças, numa medida matemática tão precisa, que surgiu daí o mundo.

E, portanto, nenhuma das forças deverá prevalecer, pois seriam causadoras do caos.

Elas se opõem, mantendo assim em medidas críticas o ponto de equilíbrio, o que permite a existência do universo.

A matéria que estamos enxergando é a velocidade dos elétrons mais as propriedades dos prótons e nêutrons sofrendo uma compressão de uma invisível força gravitacional.

Essas forças nucleares mais a eletromagnética é a energia que sustenta os prótons e nêutrons coesos e bem assistidos por seus elétrons.

E o encontro dessa força formada por eles e a força gravitacional promove em medidas críticas a existência cósmica.

É uma perfeita receita do bolo do universo.

A gravidade vai provocando um caos cósmico com turbilhões de asteroides, planetas, estrelas, sistemas solares, galáxias menores e gigantes num aglomerado de poeira cósmica, gases e alguns poucos líquidos.

Mas tudo coincide nesse período cósmico a ponto de evitar que asteroides ou qualquer outro resíduo ou energia abalem o nosso planeta, permitindo a vida.

Isso graças à proteção atmosférica e equilíbrio da biosfera que sustenta uma série de detalhes vitais para o desenvolvimento biológico, entre eles: uma perfeita cadeia alimentar.

É tudo tão fantástico e organizado, desde a menor das células à mais complexa resposta fisiológica e hormonal, que faz da vida uma interminável viagem de descobertas surpreendentes nos níveis micro, físico e macrocósmico.

Estamos vivendo num universo extremamente detalhado tanto no plano macro como no micro. E entre ambos existe uma ligação equilibrada e dinâmica.

ENERGIAS DO SER HUMANO

Certa ocasião, o famoso cineasta Steven Spielberg – um dos gigantes do cinema – afirmou que quando tem uma boa ideia sequer consegue tomar o café da manhã.

Sabemos que ainda que não tome café naquele momento, movido pela energia de sua motivação, ela não será suficiente para sustentá-lo diante do peso da gravidade. Mais cedo ou mais tarde ele terá que se alimentar para adquirir a energia orgânica que a força gravitacional exige.

Com o passar do tempo ele não terá mais a mesma força que teve nos momentos de pura inspiração. A expansão da vida dará lugar à compressão. Porém essa motivação pelas coisas é importante na vida de todos, para evitar que as pessoas colapsem sobre si mesmas.

A vida é mesmo um mistério!

Ela é um convite constante para a expansão. Mas a compressão dela tenta nos limitar e, se permitirmos, nos aniquilar. E como uma estrela que colapsa sobre si mesma se tornando um buraco negro, muitos perdem o brilho do sentido de viver.

Talvez isso seja necessário para nos lembrar de que os ciclos do universo um dia cessarão, principalmente aqueles que sustentam a vida.

Então: qual o sentido da vida?

A estrutura da matéria nos lembra que a existência e a vida são situações temporárias e extremamente frágeis por serem totalmente dependentes da ordem e do equilíbrio.

Mas o caos é inevitável. Cedo ou tarde ele acontece no mundo biológico e no material.

É interessante que nessa curta passagem da existência humana o nosso cérebro esteja programado para fazer as seguintes perguntas: De onde viemos? Para onde vamos?

Cientistas atribuíram isso a umas poucas células que existem no cérebro humano. Foram chamadas de "Células Deus".

Um mecanismo para nos lembrar de que a temporalidade da vida não deve ser o limite.

A vida é um convite para a expansão, mas a sua compressão indica que ela não tem uma consistência eterna.

Talvez por isso nosso cérebro tenha esse sistema. Sugerindo para nós um plano "B", tendo em vista que a existência da matéria no tempo e no espaço é frágil e temporal.

Precisamos buscar, portanto, um plano que transcende o tecido espaço/tempo. Talvez essa seja a verdadeira expansão.

Alienígenas existem?

A vida é um evento raro num universo em que ela não tinha a menor tendência de acontecer.

Mas aconteceu somente agora nos últimos bilhões de anos – pelo menos é o que se percebe no plano científico –, num evento bem recente em termos de escalas cósmicas de tempo.

É além de recente um evento de pouca duração em relação ao tempo de existência do universo. É quase um lampejo temporário.

Em termos de plano científico podemos dizer que foi praticamente por acaso a existência da vida.

Num momento ímpar do cosmo em que os espetáculos estelares estão em seu auge e a movimentação galáctica atinge seu clímax, a vida acontece.

Acontece por um tempo determinado e curto. Poucos bilhões de anos no máximo.

Isso porque em meio a um deserto de gases e poeira cósmica o evento mais raro de tudo isso é a água em estado líquido.

A água em estado líquido é possivelmente um acontecimento ainda mais improvável que o próprio ser humano.

Essa combinação de uma molécula de hidrogênio com duas de oxigênio é perfeita. Ela permite a diluição de matéria sólida possibilitando a existência e o sustento de micro-organismos.

Isso teria sido fundamental para a tal sopa primordial que no plano científico acredita-se ter existido na primeira versão de nosso planeta.

Se não houvesse diluição, não haveria nutrientes. E sem nutrientes nada de energia para sustentar os seres vivos.

Essa combinação perfeita de distâncias, campos magnéticos, gases adequados, elementos essenciais e medidas cósmicas críticas permitiram esse curto lampejo cósmico da vida.

A julgar pela raridade de água líquida é pouco provável que em outro ponto cósmico esse curto evento também esteja acontecendo.

E a imaginação nos leva a pensar: seria possível existir um ser que não dependesse de água líquida para existir?

Na verdade a vida só existe porque coincidências extraordinárias permitiram o surgimento de uma energia gerada por meio da capacidade catalisadora da água: a orgânica.

Só de ser orgânica trata-se de uma detalhada e, portanto, complexa combinação de processos sistêmicos e sustentáveis por um breve período de tempo.

Um ser diferente disso seria feito de energia pura, na hipótese que se enquadra mais no segmento de ficção científica do que de ciência.

Um lugar privilegiado.

A perspectiva dá aos observadores do cosmo a impressão de que estamos no centro de tudo. O que não pode ser comprovado por tais observações, mesmo utilizando-se equipamentos dos mais modernos.

Mas, ainda assim, é evidente que não existe tendência nenhuma de que haja vida em qualquer outra parte.

A vida surgiu num deserto de poeiras cósmicas e de gases somente por uma inexplicável combinação de fatores.

Em relação a esse assunto podemos dizer que é como se o universo tivesse acertado na megassena e não tivesse como manter tamanha riqueza por muito tempo.

Agradeçam aos elétrons que, graças aos seus movimentos dinâmicos, puderam fazer surgir a matéria.

Esse movimento aparentemente errático dos responsáveis pela força eletromagnética foi visto por Heisenberg como o princípio da incerteza.

E o físico quântico viu nisso a aleatoriedade de tudo – e no plano científico podemos dizer que ele estava certíssimo.

Mas, num plano acima desse limite intransponível pelas descobertas científicas, existe um dinamismo necessário dos elétrons, driblando a imposição gravitacional com arranjos novos a cada instante.

A matéria vai existir enquanto esses arranjos novos conseguirem superar a compressão gravitacional. E a vida orgânica será o lampejo oportuno e derradeiro das mais variadas e frágeis combinações.

O que dará a elas sempre a impressão de que são incertas.

Mas realmente não se pode dizer que estamos num lugar central, simplesmente pela impressão que nos causa a perspectiva de observação do espaço.

Fica sempre a suspeita de que estamos no centro de tudo e as demais galáxias se afastam de nós por todos os lados que observarmos.

Mas isso pode ser mera perspectiva.

O privilégio mesmo é viver num planeta que até o momento soa como uma anomalia cósmica inédita na história do universo.

E num sistema solar tão organizado que foge totalmente dos padrões já observados pela extensão do cosmo.

Além de estarmos num dos braços espiralados da galáxia onde as rotas de colisão estão temporariamente controladas.

Isso sem falar de estranhas outras coincidências – mais de 20 no total – que explicam por que a Terra é realmente uma raríssima joia cósmica até o momento.

A começar pela distância ideal de nosso planeta em relação ao Sol e a existência e localização estratégica da Lua.

É impressionante e fantástico tudo isso, à medida que vamos penetrando nos detalhes minuciosamente coincidentes.

Isso, até onde já pudemos constatar.

CONCLUSÃO

A MENSAGEM DA NATUREZA

Se o universo fosse um ser vivo/inteligente e tivesse que nos aconselhar a respeito da melhor maneira de se viver, ele por certo nos recomendaria a expansão. A dica seria baseada na ideia de que devemos exercitar em nossas vidas a capacidade de sempre procurar expandir.

É assim que ele enfrenta o mesmo problema que também enfrentamos: a compressão gravitacional.

Mas o que está por trás da estratégia de expansão que ele utiliza para enfrentar a gravidade?

A capacidade de lutar e de resistir incessantemente diante da implacável oposição gravitacional, para que não seja limitado e esmagado por ela.

O mesmo serve para nós.

Não importa se estejamos felizes e realizados, ou se temos sonhos ainda por vivenciar: em qualquer condição, é preciso procurar expandir.

Essa expansão não se limita à parte financeira de nossas vidas, nem à profissional ou à afetiva.

Aliás, não diz respeito a alguma área específica. Mas é um convite para sempre estarmos expandindo, sem discriminação de setores, e com isso não estarmos restritos somente a planos limitados por nossos modelos mentais.

Expandir significa ir adiante, independente dos limites e oposições.

Pode significar também transcender a essa limitada existência biológica e orgânica. E transpor as fronteiras do material, porque o mundo da matéria – que também requer expansão constante – é limitado a uma medida de tempo.

Definitivamente, a vida material não é tudo que nos resta.

O que não significa descobrir isso por meio de ideias que sejam bem-aceitas somente por estarem de acordo com nossos conceitos pessoais. É preciso persistir em descobrir os limites existenciais e encontrar a melhor maneira de eternizar nosso significado.

Um bom exemplo de perseverança são as estrelas. Precisamos aprender com o comportamento delas frente à pressão gravitacional.

As estrelas explodem reagindo contra a gravidade.

Reagem contra esse efeito gravitacional que tende a unir as massas pressionando em determinados pontos do cosmo alguns aglomerados de poeiras e gases.

Uma delas surge quando há quantidade necessária de energia, poeiras e gases, a ponto de provocar uma explosão. Ela faz isso se valendo de seu principal gás: o hidrogênio, que se converte em hélio para manter a força nuclear.

Enquanto houver esse combustível, a estrela mal sentirá o efeito gravitacional.

Mas o tempo faz as coisas mudarem.

Ao olharmos para o céu de noite talvez devêssemos captar essa mensagem estelar de resistência. É como se através de seu brilho constante dissessem para nós: *"Aguentem firmes aí embaixo, porque nós estamos resistindo à pressão aqui em cima."*

Essa mensagem cósmica é tão forte que é possível que algumas dessas estrelas já nem existam mais. Mas como seus raios viajaram bilhões de anos-luz, suas falas ainda ecoam pelo espaço, fazendo parecer que elas ainda existam.

Algumas passaram, mas a mensagem é tão forte que ainda permanece.

Mas o que está por trás dessas mensagens cósmicas que pontilham o céu que enxergamos à noite?

Revelam que elas são de fato exemplos de resistência. Elas não desistem nunca.

Elas sempre enfrentaram a pressão da gravidade contra seus núcleos, não cedendo um momento sequer.

Depois de bilhões de anos de combate, mesmo quando cessar o combustível em seus núcleos elas não desistirão. Nesse momento da batalha, não havendo mais o combustível nuclear, começarão a queimar os elementos da periferia.

Enquanto se contraem a 180 milhões de graus com a perda do hidrogênio, elas partem para outro processo: a tentativa final de transformar hélio em carbono.

Se isso ocorrer, as estrelas ganham um pouco mais de fôlego. O suficiente para viverem por mais alguns milhões de anos. E não abrem mão disso.

E isso não é tudo. Depois, quando parecer que a batalha já está perdida, elas ainda explodirão em gigantescas supernovas.

E ao explodirem, enviarão os elementos fundamentais para a vida, espalhando-os pelo cosmo.

O que possibilitará a formação de novos planetas, estrelas e até galáxias.

Aliás, foi graças a essa resistência cósmica que nós pudemos surgir um dia.

A natureza não tolera a desistência ou a acomodação.

Já citamos a lei do menor esforço, vista pelo físico francês Borelli, mas ela não se aplica a tudo que existe.

E os exemplos de resistência em nosso mundo não se restringem às estrelas. Outros personagens da natureza também cumprem esse papel. Moléculas brigam bravamente pelo espaço material que representam. Nossas células sacrificam-se por nós e insistem que sobrevivamos. Fisiologias intensas e movimentos celulares e sanguíneos resistem a nosso favor. Enquanto os elétrons nunca desistem de superar a resistência gravitacional para que possam formar e sustentar a matéria.

Todos eles, como as próprias estrelas, enfrentam a gravidade por meio da resistência. Enquanto o universo a enfrenta, procurando expandir-se.

Aliás, quando a ciência insiste em ver a fuga dos elétrons como uma evidência do aleatório e do acaso, na verdade está ignorando a verdadeira beleza desse fenômeno, que é a capacidade de resistir à pressão por meio da inovação constante.

Os elétrons nunca desistem e por isso parecem realmente imprevisíveis. Eles sempre resistem contra a imposição gravitacional. Não aceitam a perda da batalha.

Não importa se a gravidade irá ganhar a luta um dia. Os elétrons nunca se rendem e continuam bravamente a sua fuga em busca das mais nobres realizações.

Essa fuga dos elétrons é incessante. E compõe essa admirável lista de exemplos de resistência.

Como vimos, as estrelas se empenham em expandir seus raios o mais longe na imensidão cósmica. Células insistem na renovação e na vida. Moléculas defendem seus limites sem nunca abrir mão deles. E os núcleos atômicos resistem bravamente ao peso do tempo e do espaço.

Resumindo: o mundo material só existe porque seus elementos têm o poder de resistir na manutenção da ordem contra o caos.

Mesmo que o caos vá prevalecer, ainda assim é nobre essa resistência porque permitiu um dos acontecimentos mais fantásticos do universo: o milagre da vida.

Tudo na natureza e no universo é sinônimo de resistência que está relacionada diretamente com a capacidade de expandir. A maneira como a matéria expande é resistindo à compressão e vice-versa.

Resistência está para tempo assim como expansão está para espaço.

É a relação espaço/tempo vista por Einstein.

Cabe também a nós a difícil missão de existir e de viver. E podemos expandir, tanto buscando conquistar as coisas como também aprender a desfrutar do que conquistarmos.

Mas o mais importante é ir além dos limites impostos por nossos modelos mentais. E descobrir o que podemos ainda fazer de melhor dentro do limite espaço/tempo.

E expandir sempre.

Ainda que às vezes pareça que é hora de cedermos à compressão.

Precisamos recorrer mais uma vez ao exemplo das estrelas. E entender que todos nós precisamos ter uma mensagem nessa vida.

Nossas vidas precisam de um significado cada vez mais amplo. Uma mensagem que ecoe como os raios das estrelas que viajam bilhões de anos-luz e por isso podemos vê-los pontilhando o céu que enxergamos de noite.

É tão forte essa mensagem que ainda será possível contemplá-la mesmo depois que as estrelas responsáveis forem extintas.

Essa mensagem precisa ser tão forte a ponto de esgotarmos todos os nossos recursos para mantê-la.

Como os combustíveis estelares, que depois do núcleo perder força, ainda são buscados recursos na periferia delas para que possam continuar pontilhando o espaço.

Somos todos portadores de uma mensagem individual, e para nos fazermos entender nessa vida precisamos de todos os recursos disponíveis direcionados para ela.

Só assim iremos pontilhar nossa existência no tempo e no espaço. E talvez transcender essa curta existência para algo de maior significado.

Mas o princípio básico para tudo isso é expandir. Porque é por isso que existimos.

BIBLIOGRAFIA

CAPRA, Fritoj. *A Teia da Vida*. São Paulo: Editora Cultrix, 1996.

GOMES, Delso. *O Projeto de Deus*. Minas Gerais: Produção Independente, 2008.

WILL, Clifford. *Einstein Estava Certo?* Brasília, 1996.

BRENNAN, Richard P. *Gigantes da Física, uma História da Física Moderna Através de Oito Biografias*. Rio de Janeiro: São Paulo: Editora Jorge Zahar, 1998.

GRIBBIN, John. *Fique por Dentro da Física Moderna*. São Paulo: Editora Cosac & Naify.

HOWKING, Stephen. *O Universo numa Casca de Noz*. 6ª edição. São Paulo: Editora ARX, 2002.

BRYSON, Bill. *Breve História de Quase Tudo*. São Paulo: Editora Companhia das Letras, 2005.

BROOKES, Martin. *Fique por Dentro da Genética*. São Paulo: Editora Cosac & Naify.

JAPIASSU, Hilton. *As Paixões da Ciência*. 2ª edição. São Paulo: Letras & Letras, 1991.

HELLMAN, Hal. *Grandes Debates da Ciência*. São Paulo: Editora UNESP, 1999.

BAEYER, Hans Christian Von. *A Física e o Nosso Mundo*. Rio de Janeiro: Editora Elsevier, 1994.

ZUKAV, Gary. *A Dança dos Mestres Wu Li*. Rio de Janeiro: ECE Editora, 2003.

LIFE Coleção, autores diversos e redatores da Life, 1964. Biblioteca da Natureza, Rio de Janeiro, seguintes volumes:

- *O Universo.*
- *A Evolução.*

LIFE Coleção, autores diversos e redatores da Life, 1964. Biblioteca Científica, Rio de Janeiro, seguintes volumes:

- *O Homem e o Espaço.*
- *As Matemáticas.*
- *Os Planetas.*
- *A Célula.*
- *A Energia.*

Dados do Autor

Adriano Godoy

Repórter de Texto.

Consultor Empresarial

Formado em Administração de Empresas.

Autor dos livros *4 F's do Varejo* e *Lojas – Motivos que as Levam ao Sucesso* pela Qualitymark Editora (RJ).

Palestrante da Federaminas (MG).

Como jornalista conduziu uma intensa pesquisa independente a respeito dos fenômenos da natureza, da física e do universo. Chegou a conclusões extraordinárias a respeito do universo que são apresentadas ao leitor nesta obra. Usa esses princípios em suas palestras por todo o país.

www.adrianogodoy.com.br

(31) 9126-0459

arquivoadrianogodoy@gmail.com

QUALITYMARK EDITORA

Entre em sintonia com o mundo

QualityPhone:

0800-0263311

Ligação gratuita

Qualitymark Editora
Rua Teixeira Júnior, 441 – São Cristóvão
20921-405 – Rio de Janeiro – RJ
Tels.: (21) 3094-8400/3295-9800
Fax: (21) 3295-9824
www.qualitymark.com.br
e-mail: quality@qualitymark.com.br

Dados Técnicos:

• Formato:	16 x 23 cm
• Mancha:	12 x 19 cm
• Fonte:	Bookman Old Style
• Corpo:	11
• Entrelinha:	13
• Total de Páginas:	128
• Lançamento:	Fevereiro 2011
• Gráfica:	Sermograf